EXTREME
WORDSEARCH

Parragon.

Screen Stars

```
A N G E L I N A J O L I E Y M
N P J H N D E M I M O O R E E
T E E A T A Y S U P S S E R L
O Y S S C I Y V V T Z M G R G
N R S I T K M R S N N A D A I
I R I P U R I S G G L I R C B
O E C N P R E E L E S L A M S
B B A O E E C B C L M L H I O
A E A M S D D M O H I I C J N
N L L A S I T Y O R A W I H A
D L B D T E W R N T A N R O G
E A A T G V G X E N D I E F T
R H T T I P D A R B H B L C E
A V N A L P A C I N O O U U W
S A L M A H A Y E K N R J S J
```

AL PACINO	JULIA ROBERTS
ANGELINA JOLIE	MATT DAMON
ANTONIO BANDERAS	MEG RYAN
BRAD PITT	MEL GIBSON
DEMI MOORE	RICHARD GERE
HALLE BERRY	ROBERT DE NIRO
JACKIE CHAN	ROBIN WILLIAMS
JESSICA ALBA	SALMA HAYEK
JIM CARREY	TOM CRUISE
JOHNNY DEPP	WILL SMITH

Frank Sinatra

```
C B B D E J X R I S U Y E P N
E E F I L S T A H T T A L N H
T M G P S Y E S R E J W E N I
U R I U R R P A L J O E Y S G
B S L T Y T E I C O S H G I H
I D E S R S H X E R E T H C H
N O N N O E A R O Y L L I N O
G W H I O L T N R S N L J A P
C A O H W J O F D P Y A F R E
R T B T S R Y A A D T B N F S
O I O E E N E C R E O I B C B
S I K M O H A M N T M L A O Y
B T E O P H T A M I I I L T B
Y K N S S W I N G U U S T S T
K C A P T A R R O T S Q T S V
```

ALL THE WAY	ON THE TOWN
BING CROSBY	PAL JOEY
BOBBY SOXERS	QUINCY JONES
FRANCIS	RAT PACK
GUYS AND DOLLS	SOLO ARTIST
HIGH HOPES	SOMETHIN' STUPID
HIGH SOCIETY	SUMMER WIND
HOBOKEN	SWING
NANCY	THAT'S LIFE
NEW JERSEY	TIME AFTER TIME

Vice Presidents

```
T U A L G O R E L Y T N H O J
G H M C G E S O H E T C U I L
A E N H E L G I E L Y H B Y S
R N O A O E E M N K E A E R P
R R T R R A R R R R R R R R S
E Y R L G N A E Y A R L T E M
T W O E E E L N W B U E H G A
H I M S C D D R A N B S U E D
O L I C L I F A L E N D M G A
B S V U I B O G L B O A P D N
A O E R N E R N A L R W H I H
R N L T T O D H C A A E R R O
T R P I O J G O E L A S E B J
L N O S N H O J N O D N Y L J
U W A L T E R M O N D A L E P
```

AARON BURR	HENRY WALLACE
AL GORE	HENRY WILSON
ALBEN BARKLEY	HUBERT HUMPHREY
CHARLES CURTIS	JOE BIDEN
CHARLES DAWES	JOHN ADAMS
ELBRIDGE GERRY	JOHN GARNER
GARRET HOBART	JOHN TYLER
GEORGE CLINTON	LEVI MORTON
GEORGE DALLAS	LYNDON JOHNSON
GERALD FORD	WALTER MONDALE

Traveling By Air

```
I X S R M F Y T R G H B R F I
V L C H S R L W L A A L Z Z P
T P B O A R D I N G M Y T I T
Y R E T P T D G G V U W L Z E
T P N A R E A A S H P O O H K
I J A I R R G C D Q T B K I C
R A L R E E L O R S T S U O I
U E P B T X D A P S R I C W T
C L R A P U E C A S O K U A S
E N I L O W A H U N P F X Z O
S S A L C S S E N I S U B A Y
S R W O I G U C T B S O A S R
T S O O L G N K X A A S N U P
E R E N E U U I L C P N K P P
U E W S H C X N W E R C C J A
```

AIRPLANE	FLIGHT
BAGGAGE	GLIDER
BANK	HANGAR
BOARDING	HELICOPTER
BUSINESS CLASS	HOT AIR BALLOON
CABIN	PASSPORT
CHECK-IN	PILOT
COACH	SECURITY
COCKPIT	TICKET
CREW	WING

Ryder Cup Golfers

```
A R E H S I F S S O R Q R R F
R K P H I L M I C K E L S O N
M A T T K U C H A R M T N R R
R H J I M F U R Y K L Z I Y B
E U L G D A E N S M A S W M U
T N E E C L H T T C P I R C B
L T E R K O J T H T D M I I B
U E W W C T R J E S L P E L A
O R E O O L O E W H O Q L R W
P M S O K H T I Y O N U A O A
N A T D N I U D A P R P H Y T
A H W S K N I C T R A W E T S
I A O M R L E E T R E V I N O
U N O T R E V O F F E J I E N
I T D L A N O D E K U L O N Q
```

ARNOLD PALMER	LUKE DONALD
BUBBA WATSON	MATT KUCHAR
COREY PAVIN	PHIL MICKELSON
HALE IRWIN	RORY MCILROY
HUNTER MAHAN	ROSS FISHER
IAN POULTER	SAM SNEAD
JEFF OVERTON	STEWART CINK
JIM FURYK	TIGER WOODS
LEE TREVINO	TOM KITE
LEE WESTWOOD	ZACH JOHNSON

'More' Or 'Less'

```
S N H O N I S I Q S I X F U R
P S I S O E W S S E L E R A C
P P E B S A N F E B A S P W E
G R M L S S N A K L F T O Y G
I S I S E S E U M U T U T R I
S B R C L M M L R O X N A R O
B R A U E Z A T N L R C U S R
T R A L H L H L P O E E U O G
A E N R T E E E B L I W D P C
L V Y U R I E S E T S T E H C
Q O M M E G M S S P S T O O T
G E O O V A S O T T E R O M A
R R R R E R O M R E V E N O A
E O E E N S S E L E G A G R L
K M F D E K S Y C A M O R E K
```

AGELESS	GRACELESS
AMORETTO	LESSON
ANYMORE	MOREOVER
BALTIMORE	MOTIONLESS
BLAMELESS	NEVERMORE
CARELESS	NEVERTHELESS
COUNTLESS	PRICELESS
ENAMORED	RUMORED
FAULTLESS	SOPHOMORE
FURTHERMORE	SYCAMORE

School Days

```
W R I T I N G C R A Y O N R E
S E B S S F X I E X R P S W I
X H A S P S K F D L P W V K S
Q C O A G N I L L E P S S C F
Y A P M S N U B O O K S V A I
P E N S E N I T F O E S A P E
R T R B C W T N E D U T S K O
C T L H U M O O R S S A L C P
E N B E R D R R Y A A E E A T
U O X I R E U E K N E L S B L
X T T M L H A A S R S L S A P
R H V U M T S D P A G F O B Q
I P R K W T N I A P R D N L O
I R X N L I C N E P H E S R R
R R N F A H L G S C U S L S S
```

BACKPACK	PAINT
BOOKS	PAPER
CLASSROOM	PENCIL
CRAYON	PENS
ERASER	READING
FOLDER	RULER
HOMEWORK	SPELLING
LEARNING	STUDENT
LESSONS	TEACHER
LUNCHBOX	WRITING

Types Of Transaction

```
E J D T O P S W C T L E K A D
G Z E R K C E H C W I L L E Q
N X B T A R A O O A M N B P R
A P T T O W E S R R I I R R P
H B F H I N R F H R T P S T O
C O U I B M T O U A O S P E F
X F N S L L E I F N R R E U R
E S D L I L I O D T D U T L S
N U E O I N O B P E E U I T L
G Y D S G N E R K T R X S X R
I P S R S B E S K E I C N M K
E T O N Y R O S S I M O R P V
R V Y T W C O N Y O L K N I I
O T L O R G S J D K F L O A N
F T Q X W O E H L A N D X Q L
```

BOND	FUTURE
BUSINESS	LIMIT ORDER
CASH	LOAN
CHECK	ONLINE
CREDIT NOTE	PROMISSORY NOTE
DEBIT	REFUND
DEBT FUNDED	SHORT SELL
FILL OR KILL	SPOT
FOREIGN EXCHANGE	TIME-OPTION
FORWARD	WARRANT

An 'L' Of A Name

```
X S L L J J P D Q N A G O L O
E U H U E X L I Z Z I E E E T
O L I N C O L N L U W S J N Q
S T R X P I N O A Z T O E O B
E O N O H O N A U E D L E I F
U J E P L H S D R I O T I L Y
J L R P A G T E A D S U K A I
R P U T N I T A C P J E O R O
S I A B C E I K C V L F T R Y
E I L S E L S M L Y L G S Y M
O Z I V I A A O P R S L A F K
V I E L E O Y C R A R L C W V
K G L E A H L C E S R Z H I H
T K H B O Y I S L Y A E S O X
O B R S I A F S S K V P R A A
```

LACEY	LEOPOLD
LANCE	LESLIE
LARRY	LESTER
LAURA	LILIA
LAUREN	LINCOLN
LEAH	LIONEL
LEIF	LIZZIE
LEIGH	LOGAN
LEILA	LOUISE
LEONARD	LUCINDA

```
F S I E C Q H I U Q R E M U L
R W O L I N A M Y R R A B D X
A S B D R L E G N A S S I R C
N Y R L Q E S S O G T T A M M
K O O C U O N I C L E B M O Y
M B T A E E U D H H V O A T S
A Y A R D L M Y U F E T T N T
R E F R U Q I A T R D R S A E
I S Y O S B N N N K A I U H R
N R R T O K N O E G C T R P E
O E R T L T M A A D R N I R V
Y J E O E O N T H U I O F R E
H G T P I P V W I T R O U W R
H L M V L X G E Q E A S N P A
J L T H E L I O N K I N G H L
```

BARRY MANILOW	LOVE
BLUE MAN GROUP	MATSURI
CARROT TOP	MATT GOSS
CELINE DION	MYSTERE
CHER	NATHAN BURTON
CIRQUE DU SOLEIL	PHANTOM
CRISS ANGEL	RITA RUDNER
FRANK MARINO	STEVE DACRI
JERSEY BOYS	TERRY FATOR
LA REVE	THE LION KING

Types Of Pie

```
Q X R U R A S P B E R R Y S B
S D E T A L O C O H C U S L D
B F E L E T E N I R A T C E N
D U M I P P I S S I S S I M O
E B I A D Y C V O S R O V O M
M U L P E R P L R H O G T N L
Q R Y P Z R H U B A R B R M A
I U E L I E C E M K S Y A E M
A P K E L B G A G P I A I R N
T O P N E N F N N O K W S I A
C N O E M A T R A A N I I N L
G T D F A R P U C R N G N G U
I Y O R R C D G E S O A G U O
P E V W A Q H T P A K R B E A
R O Y W C T T Y T S W C L A T
```

ALMOND

APPLE

BANANA CREAM

CARAMELIZED PEAR

CHOCOLATE

CRANBERRY

EGGNOG

KEY LIME

KIWI

LEMON MERINGUE

MISSISSIPPI MUD

NECTARINE

ORANGE

PEACH

PECAN

PLUM

PUMPKIN

RAISIN

RASPBERRY

RHUBARB

Brainy Words

```
P P T V T H T I I A A A S R A
E P R A H S L W M U B W E K I
G G A O Y C A T O E I L D G Q
T E M R F D U O J T T U E W P
R N S U E I T L C S H O T I S
Q I O P S V C H T O M T N N S
D U T S V H E I M I Y Y E S R
S S O Y B D L L E C V C L P R
A K Y O O H L F C N R A A I U
J I V N T R E P X E T A T R W
P L U F R E T S A M K K J E E
V F W M S W N T G I F T E D D
H U D E H S I L P M O C C A L
L L S A V V Y Z R R B U E L B
R P T N E I P A S A A O Q T B
```

ABLE	INTELLECTUAL
ACCOMPLISHED	MASTERFUL
ADEPT	PROFICIENT
CLEVER	SAPIENT
CREATIVE	SAVVY
CULTIVATED	SHARP
EXPERT	SKILFUL
GENIUS	SMART
GIFTED	SWITCHED ON
INSPIRED	TALENTED

Loud Noises

```
E E L B M U R E T T A L C Y C
H R R I O D T H H N H C E L A
S A J A A V U G N O L U T F M
B W U I T N L H Y I W T M T T
V S T O D T B A T S G L Z P R
W L B E X P L O S I O N Q Z B
T S R U B S A E R L Q D A L O
B I K S T Z S E N L M I T L L
Z P A R S Y T S Y O S S U J C
S T O U O Z A C O C Q J L I S
X J N G Z A R B R A S O R I D
S F T T S I R E N A I W N H T
F O P T H S A L C E C F K A G
A R A X O M A H R I T K O V Z
J R T T T G N O W H K I Y M S
```

BLAST	RATTLE
BOOM	ROAR
BURST	RUMBLE
CLANG	SALVO
CLASH	SCREAM
CLATTER	SHOT
COLLISION	SIREN
CRACK	THUD
EXPLOSION	THUMP
HOWL	THUNDER

John Wayne

```
W R T W A L K A A A Y X R O M
J E T V T M W L T R O T C A F
I I H H H H R I E I J H R I R
P I E C E T E A N S Y I U J F
A K S A B Q C A X T O S E V L
D D H O I P U Y L N E T B O Y
S I O C G O D I M A P R E I I
C R O E T J O O E I M R S C N
O E T G R W R R L T W O R E G
G C I A A R P O S W M S A N T
A T S T I S T A G E N A M E I
W O T S L T L T F I C O N A G
A R O R E U Q N O C E H T K E
D N I W D L I W E H T P A E R
R Y P T H E S E A R C H E R S
```

ACTOR	STAGECOACH
DIRECTOR	THE ALAMO
FLYING TIGERS	THE BIG TRAIL
ICON	THE CONQUEROR
IOWA	THE QUIET MAN
JET PILOT	THE SEARCHERS
MARION MORRISON	THE SHOOTIST
PRODUCER	VOICE
REAP THE WILD WIND	WALK
STAGE NAME	WINTERSET

Arts And Crafts

```
D E Y R E N I L L I M S A K K
N G A R C A R V I N G T P P R
T N N N E M E T A L W O R K O
S I L I I D Z R A O T P P P W
S T Y A K B I S U T T C U S D
E E R L E A S O E T R F L O A
W H L E K W M R R O P A L M E
I C E C A E Y D S B C L A K B
N O W R Y N J S R E M B U U R
G R E O K V S A M A L E P C X
I C J P R T P A K K C S I T S
Y K G S I A K I M A G I R O C
A S S T A I N E D G L A S S A
H I C W N G Y R T N E P R A C
T H I G N I D N I B K O O B I
```

BEADWORK

BOOKBINDING

CARD MAKING

CARPENTRY

CARVING

CROCHETING

CROSS-STITCH

DOLL MAKING

EMBROIDERY

GLASSWARE

JEWELRY

LACE MAKING

METALWORK

MILLINERY

ORIGAMI

PORCELAIN

POTTERY

SCULPTURE

SEWING

STAINED GLASS

Legally Speaking

```
T T R I N J U N C T I O N I Q
F T N E M N R U O J D A I O M
O A E J I C O M M I T T A L S
E N C N L V T T P I U T Y B T
E U O C R S J N L C H C R Z A
A E E I U U T S A P N I U A N
A A R M T S P S I D E D J J A
N U C C T A E I N F N R E U E
L Q I Q E N G D A N H E E D C
I E O Z U D U I N T S V F G N
C R N M T I H A T J S R S E E
S L B Z A Y T I L I B A I L D
R E Y C O U R T M A L R R T I
R T S L J S E G A M A D P P V
T I J T G A A T W L S X I U E
```

ACCUSED	DECREE
ACQUITTAL	DEFENDANT
ADJOURNMENT	EVIDENCE
BRIEF	INJUNCTION
CASE NUMBER	JUDGE
COERCION	JURY
COMMITTAL	LIABILITY
COMPLAINANT	LITIGATION
COURT	OATH
DAMAGES	VERDICT

Abraham Lincoln

```
G R U B S Y T T E G A A L S S
B I I K I W A R P O W E R S P
Q L N A N C Y L I N C O L N E
N Y A B F U N S S T I L A A L
O O T C B F X G X D V E W C Z
T Y I N K R A B I W I G Y I I
G T O T U H I T A H L I E L E
N R N S A O A L N U W S R B R
I T A E S P C W L E A L W U P
H J L T D E I N K I R A Z P T
S I U A S I R C I W N T P E E
A A N B O E S D N D A O Z R S
W F I E U T M E D A R R I X S
F S O D D O T Y R A M A Q S A
K E N T U C K Y S P P E H F K
```

ADDRESS	LEGISLATOR
BLACK HAWK WAR	MARY TODD
CIVIL WAR	NANCY LINCOLN
DEBATES	NATIONAL UNION
EMANCIPATION	PRESIDENT
GETTYSBURG	REPUBLICAN
HARDIN COUNTY	TRENT AFFAIR
ILLINOIS	WAR POWERS
KENTUCKY	WASHINGTON
LAWYER	WHIG

Branches Of Science

```
K O Y T Y G O L O H T A P L G
Y O N G G R D R D V R Y A G S
A N Y A O V T A S G A G Y P W
K C M G L L G S E G R O F G E
Y A O L O I O O I O A L L M Y
M Y T U I L P H N T T O E S M
O G A S S H O O T I N T K C O
N O N E Y T M T C I A E B I N
O L A S H Y I Y A L N P D N O
R O I B P L T C L M E R P A X
T C W B T O T U S S E E O H A
S Y G O L O R I V A Y H P C T
A M F O Y G O L O G L A T E X
U H G C Y G O L A R E N I M Q
T Y A G E N E T I C S P I H J
```

ACOUSTICS	HERPETOLOGY
AGRONOMY	MECHANICS
ALGOLOGY	METALLURGY
ANATOMY	MINERALOGY
ASTRONOMY	MYCOLOGY
CYTOLOGY	ORNITHOLOGY
DENTISTRY	PATHOLOGY
GENETICS	PHYSIOLOGY
GEOPHYSICS	TAXONOMY
HEMATOLOGY	VIROLOGY

World Of Physics

```
S E V A Y G M O M E N T U M P
N Y T I C I R T C E L E M S U
D N L M E C R O F B T P U I Y
E R U T A R E P M E T P R T R
N N L C J T Q L E G E D T E O
S P T E L O T P E R J Z C N E
I R R R M E B E C R E R E G H
T Y O Z O I A O R R A M P A T
Y G U N G P N R U U P T S M M
O R U B Z D Y S F U Y A I A U
T E A E U U S M X U C A S O T
R N U C L E A R F I S S I O N
G E T M R E L A T I V I T Y A
T O H P M Z P E T R E W O P U
R P V F Y I I U D C R I E N Q
```

ACCELERATION	MOMENTUM
BIG BANG	NUCLEAR FISSION
DENSITY	NUCLEAR FUSION
ELECTRICITY	POWER
ENERGY	PRESSURE
ENTROPY	QUANTUM THEORY
FORCE	RELATIVITY
MAGNETISM	SPECTRUM
MASS	SUPERCONDUCTOR
MATTER	TEMPERATURE

To The 'Fore'

```
A T T S O M E R O F B H A E T
F I U C I S N E R O F H H F E I
E O F O R E S H O R T E N S O
F O R E S I G H T E D S S E I
O F F E C F O R E C A S T R P
R K O G K R F R Y L B H W O U
E F O R E N A M E O J R E F J
J F S Y E F O R E S H A D O W
U F O F J F M W A U R E O R P
D L O R O O I S T R I B B E A
G F O R E R U N N E R E E F I
E B E A E T E S G A L R R R W
E G I O P A E M I E O O O O I
O H I V A U R L A W R F F N S
I H W C B R R M L N E L V T L
```

FOREARM	FOREMAN
FOREBEAR	FOREMOST
FOREBODE	FORENAME
FORECAST	FORENSIC
FORECLOSURE	FORERUNNER
FOREFINGER	FORESEE
FOREFRONT	FORESHADOW
FOREGO	FORESHORTEN
FOREJUDGE	FORESIGHTED
FOREKNOW	FORETELL

Nip/Tuck

```
G R A Z A H O L L Y W O O D E
G I S L I G N H L F M F Q S L
M C M A H O N P S C J P W W T
S H I P G A M V N L O R T A P
T A L L I H C A L I A A H R H
T R P W N S M L F B N W E Y E
I D O E A A E E O F R T C A N
Z S N Y R I T R P H I J A N S
E O O A U F R I P W V A R M L
D N S E S E E E R L E P V U E
W P L A S T I C S U R G E R Y
T R R U O M A R T P S A R P P
S P A M A R D U G L T T T H O
N R C I T K A Z X C I T O Y L
G L M U K I M B E R H E N R Y
```

A PERFECT LIE	MCMAHON
CARLSON	MCNAMARA
DRAMA	MIAMI
GILSIG	PLASTIC SURGERY
GINA RUSSO	RICHARDSON
HENSLEY	RYAN MURPHY
HOLLYWOOD	THE CARVER
JOAN RIVERS	TROY
KIMBER HENRY	VALERIE CRUZ
MAFFIA	WALSH

Nature Centers

```
B R I G G S L I F T N A K S S
I U B Z D E R Y D O O W N U D
F L A G S T A F F R I E M I X
H L B P R R M C O R Z P U M H
E I L W F E E T I B C P X A I
B M U S H L A V B H S I C D O
A N F U K R T T I A G H S E D
R E F K Y A T C P R U C Q F A
R D L P Y H O I A L E L A A R
L E A Q S C N Y A R A L J T O
A R K S R E H V L P Y I G N D
K C E E Y A I V P I J S N A L
E S E R W S T T U S M B L S E
B K U K T I S P R M E E R P A
O N Y A I L I H P O I B H J R
```

BARR LAKE	EL DORADO
BIOPHILIA	EMILY OAKS
BLUFF LAKE	FLAGSTAFF
BRIGGS	GRAY HAWK
CHICO CREEK	GREAT PLAINS
CHIPPEWA	PINEY RUN
CHULA VISTA	PISMO
DUNWOODY	ROTARY PARK
EAGLE RIVER	SANTA FE DAM
EDEN MILL	ZION

Atlantic Ports

```
Z B K R U C Z N O T S O B R T
K N T S U Z H N E W Y O R K A
C N O W N R N A R V G T E F O
I O V D A B U F R T A M P A H
W T R G N R E S R L Q H B R J
S S E P T O N A P E E G W N U
N U Y M U G L O U C E S T E R
U O U O C S L W T M W P T W N
R H A B K X C S E S O S O O U
B P S I E I D H T N E N K R N
I B A L T I M O R E K V T L T
M O R E H E A D C I T Y L E A
E V A E L L I V N O S K C A J
I X H P O R T S M O U T H N G
S T C T Z T Z Z S P H A I S P
```

BALTIMORE	JACKSONVILLE
BEAUMONT	MOBILE
BOSTON	MOREHEAD CITY
BRUNSWICK	NANTUCKET
CHARLESTON	NEW HAVEN
CORPUS CHRISTI	NEW LONDON
FREEPORT	NEW ORLEANS
GALVESTON	NEW YORK
GLOUCESTER	PORTSMOUTH
HOUSTON	TAMPA

The Centennial State

```
D Q A R V A D A R O R U A P Y
W R L Y T N U O C E K A L D F
E S E A T S Y T N O M G N O L
S N N V P N N E L G H T R O N
T I O O I L U G L C A H K W Y
M L D T Y R A O S E B A R E U
I L A E N N E T C R E O T K M
N O R S N R A E A A L R S A A
S C O S A V O C R C S U G L C
T T L E D O E H N A O E U X O
E R O I H R P R T P K U M U U
R O C K Y M O U N T A I N S N
B F W M O U N T E L B E R T T
L C E N T E N N I A L P U A Y
I L O M J T G B T M R R Y A R
```

ARIKAREE RIVER	LAKE COUNTY
ARVADA	LAKEWOOD
AURORA	LONGMONT
CANYONS	MESA COUNTY
CENTENNIAL	MOUNT ELBERT
COLORADO	NORTHGLENN
DENVER	ROCKY MOUNTAINS
FORT COLLINS	THORNTON
GREELEY	WESTMINSTER
LA PLATA COUNTY	YUMA COUNTY

New Mexico

```
M O U N T A I N S T A T E Q Z
N R O M I L Y C S V O L U R E
A G S K L U L U Z R H N Q K N
K A E P R E L E E H W X R U O
R N V N O I L Q W T L S E S Y
S M A V S E O O Q S R A U E N
O O H U S A T R S R O R Q F A
U U C O J E N P A L B R U A C
T N S R B N C D B N U R B T O
H T T E A B A U O K C N L N C
W A S T L G S S R V E H A A A
E I G O S I V O L C A M O S H
S N R E V A C D A B S L R A C
T S S E N R E D L I W A L I G
V V C I U B E R N A L I L L O
```

ALBUQUERQUE	MOUNTAIN STATE
BERNALILLO	ORGAN MOUNTAINS
CARLSBAD CAVERNS	OTERO
CHACO CANYON	RIO RANCHO
CHAVES	ROSWELL
CLOVIS	SAN JUAN
GILA WILDERNESS	SANDOVAL
HOBBS	SANTA FE
LAS CRUCES	SOUTHWEST
LOS LUNAS	WHEELER PEAK

Rodents

```
F L Y I N G S Q U I R R E L E
D P R A I R I E D O G C G L H
M O A Y V A C N I A T N U O M
Z S R C X Y R B P T U I I W E
I F A M B S V W O J U D N L B
T X B L O Q O A R U E R E A C
U Z Y S L U G C C G O S A N H
O E P D R I S O U K G L P D I
G K A Z D R H E P T C M I P P
A Z C O T R A C I H O O G A M
U U X C O E R U N L E C R C U
C V U I M L P R E I B R U A N
J A O B R E J R P B H E R T K
U P A C A R A N A R A C S X Q
V R B M M T R J I W O U R J I
```

AGOUTI	JERBOA
CAPYBARA	LOWLAND PACA
CHINCHILLA	MARMOT
CHIPMUNK	MOLE RAT
DEGU	MOUNTAIN CAVY
DORMOUSE	PACARANA
FLYING SQUIRREL	PORCUPINE
GOPHER	PRAIRIE DOG
GRAY SQUIRREL	ROCK CAVY
GUINEA PIG	TUCO-TUCO

Mark Twain

```
S B T E N R O H G N A L Z P L
N N I F Y R R E B E L K C U H
O L I V I A T W A U J I P L R
D F T I G N I H G U O R O N T
G M T H U L O Y F L O J O A S
R E R K E L A T S E S R O H A
A R L O Y W R A Z Q S Q R I L
S R E A T R A M P A B R O A D
S Y M Y T N A R I E R N H K T
K T S K W S E I P S N L T T I
I A B N H A G V D R S N U S Y
C L E M E N S O N S A O A R U
L E U M A S Y M D I E Y U M X
T S I R O M U H O A E V E R E
O I I M O R L E C T U R E R I
```

A DOG'S TALE	LECTURER
A HORSE'S TALE	MERRY TALES
A TRAMP ABROAD	MISSOURI
AUTHOR	OLIVIA
CLEMENS	PEN NAME
EVE'S DIARY	ROUGHING IT
HUCKLEBERRY FINN	SAMUEL
HUMORIST	SNODGRASS
INVENTOR	THE WAR PRAYER
LANGHORNE	TOM SAWYER

Halloween

```
T G C A U L D R O N R Z S T I
Y K O O P S U W E R N O A R W
H R S B B P C O P A O T D E A
O M T J L N L S H U O R R D L
U H U L A I I E K G M E L I I
I L M P C C N R B E W P R P G
S I E Q K K K O P O L S K S H
J W I T C H E O L O B E R I T
F F I L A G L V L W Z B T S N
A O A T T L E S T A B C I O I
V R W C H S R E T S N O M N N
T R I C K O R T R E A T I N G
I H A U N T E D H O U S E H A
Q R T S E Z P T V A M P I R E
T A P I M B L N R T Y E G U N
```

APPLE BOBBING	MONSTER
BATS	MOON
BLACK CAT	PUMPKIN
CAULDRON	SKELETON
COSTUME	SPIDER
GHOUL	SPOOKY
GOBLIN	TRICK-OR-TREATING
HAUNTED HOUSE	VAMPIRE
JACK-O'-LANTERN	WEREWOLVES
LIGHTNING	WITCH

Moths

```
R H T F I W S D L O G G S K R
L E L G N A I R T T H N O O F
R A G G E L L A M S P I N I P
R W G C F T S P M L E W E D I
T F I V E S P O T B U R N E T
F F O C O N K E T C Y A E Y K
I R I J R Y X L D C E E H Y O
W E I W W O A D L I K L M Q O
S B A A S P R E O T C C O Z H
N M V R P E A E H Y A Y C U Y
O E O E C R G R P G L K H Y K
M C T P W J O N H M J S A T S
M E R I O N G O A T E U R L U
O D N O O T S E F R S D U W D
C G R E A T P E A C O C K R S
```

COMMON SWIFT
DECEMBER
DUSKY CLEARWING
DUSKY HOOK-TIP
EMPEROR
FESTOON
FIERY CLEARWING
FIVE-SPOT BURNET
GHOST
GOAT

GOLD SWIFT
GREAT PEACOCK
LACKEY
LAPPET
MOCHA
ORANGE SWIFT
REED LEOPARD
SMALL EGGAR
SMOKY WAVE
TRIANGLE

Forests

```
C O T Z Z P H U E L Q T G Y E
S A U T T Z C O D O M V X T E
S T Z X M O H A W K T R A I L
S H T A M A L K S R J U Q N D
T G S L T E P S C O C S T I O
D A S U O N I C O D N E M R R
S P A S A S G O U A C H I T A
S I N Y B L P P S R Q I B A D
A S X S V S S A M U L P O T O
G G B R M X H I D T R B L S W
N A O N I D R A N R E B N A S
O H C A E V L O W A E Z T H E
T A N G E L E S Y N T S A S I
R A B M A A R R E N E S S A L
U P A I O U Q E S U I E X P S
```

ANGELES	PISGAH
ELDORADO	PLUMAS
INYO	SAN BERNARDINO
KLAMATH	SEQUOIA
LASSEN	SHASTA-TRINITY
LOS PADRES	SHAWNEE
MENDOCINO	SIX RIVERS
MODOC	STANISLAUS
MOHAWK TRAIL	TAHOE
OUACHITA	TONGASS

On The Water

```
H D U F L Y A M I K S T E J A
L T T U J G T R C A N A L B J
Z A H P D D Q R P I C O Z A Z
G S C Y T R E V I R A B L O B
G Y A C D A A E J M T W K O C
P O Y S L R O O O V A O A A G
U U N L Q E O B B N M R Y S W
J B Z D I N E P L F A F A J R
E B F I O I F O L I R C K N T
R G N U M L E B W A A U L X U
R U O T D N A L S I N S S E S
B A N A N A B O A T X E C A A
W K H O V E R C R A F T P T X
E S I U R C T E S N U S R E L
T N A T A O B E F I L A I A X
```

BANANA BOAT	KAYAK
BUOYS	LIFEBOAT
CANAL	OCEAN LINER
CANOE	RIVER
CATAMARAN	ROWBOAT
GONDOLA	SAILBOAT
HOVERCRAFT	SUNSET CRUISE
HYDROPLANE	SURFBOARD
ISLAND TOUR	TRIMARAN
JET SKI	YACHT

Around Miami

```
B A L I T T L E H A V A N A S
I U Y M M H J F R D I F W T K
S O B A Y A C C L D R Q O L Y
C E B I C J G A M E X S T A S
A O M M D Z E A E G T V N N C
Y U C F I O I D L B P L W T R
N B O O K D O V G F H S O i A
E R R T N M T W A E P T D C P
B I A R T U B O N L W W U L E
A C L O R R T L W Y L A D O R
Y K W P S O A G T N W I T P S
K E A D I N N E R K E Y V E C
R L Y A O T H E R O A D S E R
I L R M I A M I R I V E R T A
A U O M I A M I T O W E R G E
```

ATLANTIC	LITTLE HAVANA
BISCAYNE BAY	MIAMI RIVER
BRICKELL	MIAMI TOWER
COCONUT GROVE	MIDTOWN
CORAL WAY	PORT OF MIAMI
DINNER KEY	SKYSCRAPERS
DOWNTOWN	SOUTH BEACH
EDGEWATER	THE ROADS
FLAGAMI	VILLA VIZCAYA
FREEDOM TOWER	WYNWOOD

Universities

```
A I B O G N K B F Z V K L A Q
D P R H N H N B I S R W R U F
T B O A L L E N R O C Q S K U
N W A R I T O O O J L B T O A
Q X K V H T P F S H U A C U T
W E T A T S A W O I R D A F P
T I N R N U A I R O Z I S Y R
S Y M D L S U U B P A Y T O I
X A R K C I A F B M J R A A N
O O N W O R B S P U U S D L C
E E G E K S U T S S R L B D E
R O K E M A D E R T O N O K T
U T E U T D R O F M A S P C O
A M R I D G E O R G E T O W N
M I C H I G A N S T A T E X I
```

AMRIDGE	HARVARD
AUBURN	IOWA STATE
BETHANY	JUDSON
BIOLA	KANSAS STATE
BROWN	MICHIGAN STATE
COLUMBIA	NOTRE DAME
CORNELL	PRINCETON
DUKE	SAMFORD
FAULKNER	TUSKEGEE
GEORGETOWN	YALE

Fall

```
R L N V O E C Q T Y M M U S A
E A E G A I L O F T P P I J R
I U E K R Y O V R P V N E H T
K Z W L E A V E S N B U K H T
P Y O L G R C L Q X B R A I N
L S L E R R I U Q S O N R S I
R O L O O H C S O T K C A B L
W C A W H L D C T S X T E C O
P R H E V C T V G C H L A R O
M S E A S O N I A A P H A I C
J E P I B F V A R I D N W S M
Z L R E N I A V L B G T G P S
L P R J N R E B M E V O N L O
B P B G I S E P T E M B E R A
G A S O T N O A A P N T X D X
```

APPLES	NOVEMBER
BACK TO SCHOOL	OCTOBER
COOL	ORANGE
CORN	RAIN
CRISP	RAKE
FOLIAGE	SEASON
HALLOWEEN	SEPTEMBER
HARVEST	SQUIRREL
LEAVES	THANKSGIVING
MELANCHOLY	YELLOW

80s Hits

```
B A I F R L L A C I S Y H P A
T Y P M K F P I P E N I H P T
I A R B A D A C A R B A S R E
M S P Y L S S I K N B O U M S
E Y E O F T H E T I G E R I C
A A I O O F A A L H C V F C E
F S H O U T K L R O P O L K L
T Y C M T E I D L D O L Z E E
E A A A O E U O Q T L S T Y B
R S B N J U R E L T M S J H R
T V M E G S Y O G S D E E J A
I E A A W A O T P A C L Z S T
M N B T G S T T N P L D Z T I
E C A E E I T C I O A N F H O
R P L R S G E T I T A E B F N
```

ABRACADABRA

BEAT IT

BILLIE JEAN

CELEBRATION

ENDLESS LOVE

EYE OF THE TIGER

FAITH

FOOTLOOSE

HELLO

KISS

LA BAMBA

LET'S DANCE

MANEATER

MICKEY

PHYSICAL

SAY SAY SAY

SHOUT

TAKE ON ME

TIME AFTER TIME

TRUE COLORS

House

```
N  I  E  T  S  L  E  D  E  A  S  I  L  A  S
O  E  I  R  U  A  L  H  G  U  H  K  L  L  R
S  G  N  A  I  C  I  T  S  O  N  G  A  I  D
L  T  R  R  N  C  I  N  S  I  G  H  T  A  Y
I  B  O  E  E  S  F  L  N  Z  A  F  I  M  T
W  U  B  D  G  C  Y  O  L  P  D  D  P  A  I
S  A  E  L  L  O  N  M  R  N  O  A  S  R  C
E  T  R  I  A  I  R  E  P  E  E  U  O  D  Y
M  S  T  W  C  W  S  Y  P  T  M  S  H  L  R
A  I  C  A  I  S  N  A  H  S  O  A  S  A  U
J  R  H  I  D  A  C  U  C  O  E  M  N  C  T
Z  H  A  V  E  K  O  T  Y  U  U  S  S  I  N
G  C  S  I  M  C  U  M  R  I  D  S  S  D  E
R  Y  E  L  D  A  H  Y  M  E  R  D  E  E  C
T  E  R  O  H  S  D  I  V  A  D  W  Y  M  J
```

CENTURY CITY	JAMES WILSON
CHRIS TAUB	JESSE SPENCER
DAVID SHORE	LISA CUDDY
DIAGNOSTICIAN	LISA EDELSTEIN
ERIC FOREMAN	MEDICAL DRAMA
GREGORY HOUSE	MEDICAL GENIUS
HOSPITAL	OLIVIA WILDE
HUGH LAURIE	REMY HADLEY
ILLNESS	ROBERT CHASE
INSIGHT	SYMPTOMS

Business Buzzwords

```
L  S  B  O  L  C  S  U  O  I  T  I  B  M  A
O  G  V  A  A  E  I  B  L  U  E  S  K  Y  J
W  U  L  F  N  E  V  T  M  F  Y  T  P  T  Q
H  A  T  O  X  D  V  E  S  Q  F  A  F  N  E
A  D  G  S  B  N  W  I  R  I  R  I  B  E  X
N  R  E  G  I  A  O  I  T  A  L  Y  M  M  I
G  I  I  E  R  D  L  I  D  C  G  O  Y  R  T
I  P  W  C  R  E  E  I  T  T  A  E  H  E  S
N  Y  L  N  H  B  G  T  Z  A  H  O  Q  W  T
G  W  T  J  I  M  F  A  H  A  R  I  R  O  R
F  T  I  G  S  W  E  O  T  E  T  E  F  P  A
R  S  T  H  T  X  T  D  T  I  B  I  N  M  T
U  C  I  M  A  N  Y  D  I  S  O  O  O  E  E
I  F  S  Y  N  E  R  G  Y  A  E  N  X  N  G
T  E  T  A  L  P  R  E  L  I  O  B  I  N  Y
```

AGGREGATION	GLOBALIZATION
AMBITIOUS	HOLISTIC
BANDWIDTH	LEVERAGE
BEST OF BREED	LOW HANGING FRUIT
BLUE SKY	OUTSIDE THE BOX
BOILERPLATE	PARADIGM SHIFT
DYNAMIC	PROACTIVE
EMPOWERMENT	RICH MEDIA
EXIT STRATEGY	SYNERGY
GENERATION X	WIN-WIN

The Color Green

```
S  K  W  E  L  E  C  T  R  I  C  S  R  T  U
F  M  E  M  G  T  C  P  I  N  E  U  S  E  S
W  R  R  E  N  A  E  Q  U  E  L  G  H  T  X
T  T  A  R  I  T  L  A  R  B  T  A  A  J  V
R  X  X  A  R  T  A  F  L  A  R  R  L  O  N
W  W  R  L  P  P  D  F  U  L  Y  A  H  P  M
M  S  L  D  S  E  O  H  E  O  M  P  N  N  O
A  O  U  R  K  R  N  Q  T  F  M  S  G  R  A
S  H  S  O  E  S  U  E  R  T  R  A  H  C  P
E  Q  Y  S  V  I  R  I  D  I  A  N  C  X  A
U  S  T  S  N  A  N  S  U  F  A  L  R  P  M
P  K  U  O  W  N  T  L  B  O  O  J  R  E  V
T  I  W  I  Y  E  R  R  U  V  S  T  S  A  F
U  K  Y  R  O  L  I  V  E  D  A  J  H  R  U
T  S  F  R  P  I  E  R  P  S  O  R  A  H  W
```

ASPARAGUS	JADE
CAMOUFLAGE	MOSS
CELADON	MYRTLE
CHARTREUSE	OLIVE
CLOVER	PEAR
ELECTRIC	PERSIAN
EMERALD	PINE
FERN	SPRING
FOREST	TEAL
HARLEQUIN	VIRIDIAN

Writing A Book

```
R G N I D A E R F O O R P P E
R Y S T B H S Y Y P L X E R T
P W P Y C H A R A C T E R S V
A Z O G N F C O Z K O D S P O
P K I R L O S T R C R N O E B
E D C M D O P S K O O I N L H
R T D A A P S S G L H E I L A
B E C N B G R S I B T O F I I
A P H U R D I O A S U V I N T
C F A S S A R N C R A C C G M
K W P C I P M A A E Y C A U P
T I T R D L F M H T S E T T N
T R E I E O B U A I I S I A R
G X R P A T A U B R H O O O I
P L S T S Z A Y P W G W N R O
```

AUTHOR

CHAPTERS

CHARACTERS

GLOSSARY

GRAMMAR

HARDBACK

IDEAS

IMAGINATION

INDEX

MANUSCRIPT

PAPERBACK

PERSONIFICATION

PLOT

PROOFREADING

PUBLISHER

SPELLING

STORY

SYNOPSIS

WORD PROCESSOR

WRITER'S BLOCK

IT Companies

```
C I S C O S Y S T E M S L L Y
I O U C S D A I D E L L V A Z
T K G V A R X M O R I C O I I
R I T M O A Q H M P E S A N I
I A F O P K S S K O T L T R A
X T O T L C O Y L S C U P R O
S O S O H A Y M J R I L C P U
Y T O R P P N A X T A D A Y A
S K R O W T E N R E P I N U J
T T C L M T T T B K R R T A Q
E B I A F E A E E L G O O G S
M G M N T L P C L M D R X R Q
S S E I T W P I R E D H A T V
Z A D O B E S Y S T E M S I Y
D U O S X H L K S N I U P O P
```

ADOBE SYSTEMS	JUNIPER NETWORKS
APPLE	MICROSOFT
AUTODESK	MOTOROLA
CISCO SYSTEMS	NETAPP
CITRIX SYSTEMS	ORACLE
DELL	QUALCOMM
GOOGLE	RED HAT
HEWLETT-PACKARD	SANDISK
INTEL	SYMANTEC
INTUIT	XEROX

Active Volcanoes

```
T L A N E R A F Q S S V R F A
N R A A L C H I G I N A G A K
I O A B Y R V O J A E A V C U
A H L C O I O J I T L C K I T
E R Y T S T P Z I M E I R R A
U L E I E A S R K R H L O R N
A Q L D V P L I R U T E G A A
L A L L A E E O R U S T S L R
I W O A M M N T S C T H U L H
K F W K T E A R A U N V Y I R
L T S U G K F L Y C U A O V I
J U T R F P U O K M O K S A S
X M O M O T O M B O M P E S O
Z A N V A Y A S A M I L O C P
L V E N I A M I N O F C W P S
```

AKUTAN

AMUKTA

ARENAL

CERRO NEGRO

CHIGINAGAK

COLIMA

KILAUEA

LA MADERA

LASCAR

MASAYA

MOMOTOMBO

MOUNT ST. HELENS

OKMOK

PAVLOF

POPOCATEPETL

SAN CRISTOBAL

TELICA

VENIAMINOF

VILLARRICA

YELLOWSTONE

Cuts Of Meat

```
A K I T R H T I C P T A U A C
M A N E O B R I S K E T H C S
L E T A L P H T I A N B Z R D
P I C E H A S P K K D Z Q A P
T D R U M S T I C K E U E D W
M S E H O S B I R E R A P S T
J K O N Y A Z P F L L P T H A
S C N I O L R I S M O T T O B
K U I U G C L W V R I I E R A
M T O R E L A E I Y N G N T R
P L L V E D W B B S K N A L F
C E K T I S B D K K D N U O R
E T R O R K C U H C R H N I O
R P O R K R I N D L A O Q N C
P T P O H C K R O P S B P A U
```

BACK BACON	PORK BELLY
BOTTOM SIRLOIN	PORK CHOP
BRISKET	PORK LOIN
CHUCK	PORK RIND
CUTLET	ROUND
DRUMSTICK	SHANK
FILLET	SHORT LOIN
FLANK	SPARE RIBS
HAM HOCK	TENDERLOIN
PLATE	TOP SIRLOIN

Bees And Wasps

```
S Q U A S H B E E B Y E N O H
P X M S G I E E B D I H C R O
I I P Y V I R U S S M G A T R
D C T L X X X N N P U R R T N
E U H P A Z J Y F D D O P E E
R C M N S S A U R D D U E K T
W P O E E A T X D I A N N C E
A M A M D U W E R G U D T A E
S A S P M I M D R G B B E J B
P S A Q E O A O E E E E R W R
P O S I S R N N N R R E B O E
J N V D A K W W W W W B E L G
F B U D A R S A A A A L E L G
O E E B T A E W S S S S R E I
E E B E L B M U B P P P P Y D
```

BUMBLEBEE	MEDIAN WASP
CARPENTER BEE	MUD DAUBER WASP
COMMON WASP	ORCHID BEE
DIGGER BEE	PAPER WASP
DIGGER WASP	PLASTERER BEE
GROUND BEE	RED WASP
HONEY BEE	SPIDER WASP
HORNET	SQUASH BEE
ICHNEUMON WASP	SWEAT BEE
MASON BEE	YELLOW JACKET

It Must Be Magic

```
M I S D I R E C T I O N J T U
T R N L I N K I N G R I N G S
U E A O E O A O R I F R Z A U
T C R R I I G I M M I C K F C
N N L I B T G N C T Z Z S F O
O A N O L A I H I I N W R E P
I R O P S L D S T M G W S D S
T A I A E E U A O O L A O C U
A E T T N V U S C P F A M A C
T P C T I E O P I A S H P R O
I P U E T R B T M O R N A D H
V A D R U D D O S A N B A N R
E S O W O R X Q S E G I A R D
L I R R R A F L O U R I S H T
F D P L E C L Z J M I P C T V
```

ABRACADABRA

CARD REVELATION

CLOSE-UP MAGIC

DISAPPEARANCE

FLOURISH

GAFFED CARD

GIMMICK

HOCUS POCUS

ILLUSIONIST

LEVITATION

LINKING RINGS

MAGICIAN

MISDIRECTION

PALMING

PATTER

PRESTO

PRODUCTION

ROUTINE

SLEIGHT OF HAND

TRANSPOSITION

Around Hollywood

```
S T N I R P D N A H O R A A B
T E M O D A M A R E N I C L O
S U R T E M A F F O K L A W U
I O L T D S E L E G N A S O L
R E R T A E H T K A D O K B E
U L A U R E L C A N Y O N D V
O K S L L I H T E S N U S O A
T M O V I E S T U D I O S O R
S D R A W A Y M E D A C A W D
H O L L Y W O O D S I G N Y S
S L L I H Y L R E V E B O L R
T N E M N I A T R E T N E L A
Z L N W O T L E S N I T I O T
S L L I H D O O W Y L L O H S
Z T S T N I R P T O O F Y Y C
```

ACADEMY AWARDS	HOLLYWOOD SIGN
BEVERLY HILLS	KODAK THEATRE
BOULEVARD	LAUREL CANYON
CHINESE THEATRE	LOS ANGELES
CINERAMA DOME	MOVIE STUDIOS
ENTERTAINMENT	STARS
FOOTPRINTS	SUNSET HILLS
HANDPRINTS	TINSELTOWN
HOLLYWOOD BOWL	TOURISTS
HOLLYWOOD HILLS	WALK OF FAME

Ice Cream Flavors

```
C Y I J A H S U P M W H P O D
A H Y R M V C D Z B Q R R U Q
R G O D E E A A S P D A X E U
A U N C N T U N E L P A M S Z
M O Q H O A T B I P A N R R T
E D P E D L C U P L I A F S I
L E S R Z O A N B S L N P T E
E I S R T C E T O T L A S R N
M K A Y A O E G E T U B W A I
O O U T G H F T D C T N N W L
N O Y U U C F F R U H O A B A
L C E N O T O P E I F I C E R
P I L X N N C F F E U V P R P
S X N I S I A R D N A M U R M
M A R S H M A L L O W S N Y S
```

BANANA	MARSHMALLOW
CARAMEL	MINT CHOCOLATE
CHERRY	NOUGAT
CHOCOLATE CHIP	PEACH
COFFEE	PEANUT BUTTER
COOKIE DOUGH	PRALINE
COTTON CANDY	RUM AND RAISIN
FUDGE	STRAWBERRY
LEMON	TOFFEE
MAPLE NUT	VANILLA

Fungi And Mushrooms

```
L R E E A V P A C Y D N A C R
S O Y S T E R M U S H R O O M
G Z L A I E T E L O B Y A B M
D D E P N F L Y A G A R I C O
J A T D A G Q O E S P C A F P
H E E R M C E L B U W T N K A
T H L H A O Y L L S R E H Z C
O S O L S E R K S A L R P A H
O R B S R P S E L W B I A S T
T A E S E S E G L I I F V L A
B E L I K T Q E I F M N F E E
M B P R O G J A H P F E G U D
O T P A C A C I M S S U U S P
C H A N T E R E L L E Y R L L
E R A S U G N U F H T O O T B
```

ANGELS' WINGS

APPLE BOLETE

BAY BOLETE

BEAR'S HEAD

BLUE MILKY CAP

CANDY CAP

CHANTERELLE

COKER'S AMANITA

COMB TOOTH

DEATH CAP

DEVIL'S BOLETE

FLY AGARIC

MICA CAP

MOREL

OYSTER MUSHROOM

PIG'S EAR

PUFFBALL

SHEEP'S HEAD

TOOTH FUNGUS

TRUFFLE

Former Airlines

```
R I A E D I R P Q O S B H N S
V T O Y A P E I L M H O A A W
A T F X Y L G W B F O I O E C
R T R C J A I B M T R Z T R M
N O E Z E N O G E H A M O O E
E R E O T E N R A R G W R A T
Y E L V S T S W K U N R I M R
A A A R S A A A S A I I A E O
I A N R I I I S I S C A K R J
R K D R I R R R A P X O R I E
L E I E L W W I L B T N A C T
I R A I O A R D A I H E M A D
N U N X Y Y O X D O N R T C I
E E I S S S L R I A R E W O T
S R I A S S E C C A G P S A B
```

ACCESSAIR	METROJET
AEROAMERICA	MORRIS AIR
AIR HAWAII	OZARK AIR LINES
CROWN AIRWAYS	PLANET AIRWAYS
DAYJET	PRIDE AIR
EOS AIRLINES	PRO AIR
EUREKA AERO	REGIONSAIR
FREELANDIA	RENO AIR
HOOTERS AIR	TOWER AIR
MARKAIR	VARNEY AIR LINES

Dexter

```
D E B R A M O R G A N D L F L
O X Z N E B E I L U J R B I X
M R E S N E P S U S P O G R D
I K Z E L E V N E R U A L I M
N A G R O M Y R R A H L A T Y
I S E K A O D S E M A J U A S
C G N I K Y E L A H H U R B T
J A K U S A M E C N I V A E E
A T S I T A B L E G N A M N R
N R D E X T E R M O R G A N Y
E T S A Y A Z D I V A D R E C
S V S U H P S Y C H O P A T H
A E G C J O E Y Q U I N N T V
C R I M E D R A M A P T O E D
U M D E V O N G R A Y E C R Q
```

ANGEL BATISTA	JOEY QUINN
CRIME DRAMA	JULIE BENZ
DAVID ZAYAS	LAURA MARANO
DEBRA MORGAN	LAUREN VELEZ
DEVON GRAYE	MICHAEL C HALL
DEXTER MORGAN	MYSTERY
DOMINIC JANES	PSYCHOPATH
HALEY KING	RITA BENNETT
HARRY MORGAN	SUSPENSE
JAMES DOAKES	VINCE MASUKA

In The Ring

```
W S C F G A X O V K B W L I L
S L T R P I U H A Y M A K E R
D A R G L O V E S E E P A E H
N P T E C O R N E R A H O R C
U V L R T F W F E I N T Q E N
B U E P E H W B E T G U R F U
R L W T T W G L L U T O V E P
A D O U N A N I M O U S S R R
U G T C U S L S F N W J S W E
P Q R C K T H S D R A W B R T
P Z S P L I T D E C I S I O N
G Y K T E I N O I P D S S P U
L H O L D I N G S O S P A E O
W A D E Y J E C Y Y N J J S C
Q G P B D U R P H L M E I D L
```

BELT	HAYMAKER
BLOCKING	HOLDING
CLINCH	LOW BLOW
CORNER	REFEREE
COUNTER PUNCH	ROPES
DRAW	ROUND
FEINT	SOUTHPAW
FIGHTER	SPLIT DECISION
GLOVES	TOWEL
GUM SHIELD	UNANIMOUS

Grammar Lesson

```
X H O B P R E M O D I F I E R
E C I O V E V I T C A M I S P
V E A O Z L S J T F W N P P R
I J C U X A T N Y S T P R O E
T N E I X T D Y U E X L E S P
A O S Q O I R J R O J W D T O
R I N U E V L J U Y N L I M S
A T E A V E E I S N F K C O I
P C J N I C S V A B C F A D T
M N A T T L X A I R R T T I I
O U O I C A Z F D S Y E I F O
C J O F E U I S U V S V V I N
S N U I J S U B A J E A E E C
K O F E D E N U O N O R P R M
D C G R A R T I C L E T B S B
```

ACTIVE VOICE	PASSIVE VOICE
ADJECTIVE	POSTMODIFIER
ADJUNCT	PREDICATIVE
ADVERB	PREMODIFIER
ARTICLE	PREPOSITION
AUXILIARY VERB	PRONOUN
COMPARATIVE	QUANTIFIER
CONJUNCTION	RELATIVE CLAUSE
INTERJECTION	SYNTAX
NOUNS	VERBS

Lovely Lilies

```
P E S E N A P A J N I E L F I
P P C R P I N A G I H C I M J
E E A G E A T N C W A J H E M
J B N O T G N I H S A W M A T
G U I L G E I T C S K A L D B
U I L D M R I T H R E R H O A
V U O B H E A R O E L O U W N
V W R A T S G N I N R O M T C
Q S A N S R E D N A L O B P T
E L C D T I E G N N R X O H W
M A I H P C R G F N S P L D R
S R S Y T A E O R O A M D H Z
W O M T H T W V I D T N T A E
F C H K E N I P L A T N S P E
O D R F S R S W A M P I R T O
```

ALPINE	MICHIGAN
BOLANDER'S	MORNING STAR
CAROLINA	ORANGE
CORAL	PANTHER
EASTER	PRAIRIE
GOLDBAND	SIROI
HUMBOLDT'S	SWAMP
JAPANESE	TIGER
MADONNA	TURK'S CAP
MEADOW	WASHINGTON

Gymnastics

```
P S O W J A R X S H Z I E V T
U U T D R A B L E L L A R A P
C T E K I P T N O R F E A U C
R A S S A S F S I W S S B L G
T R R A R E M H I S L I E T N
L A A T O O N O T W R C C I I
U P B L W T H I U B T R N N R
A P N T H H L L T N Y E A G P
S A E A C L E A E U T X L H S
R K V S R I M E S M O E A O D
E L E I A S T R L C M R B R N
M I N V E R T E D C R O S S A
O G U F V O N T J G M O P E H
S T H O R I Z O N T A L B A R
P P B A W Y A W A Y L F U U I
```

APPARATUS	INVERTED CROSS
ARCH	PARALLEL BAR
BALANCE BAR	POMMEL HORSE
CARTWHEEL	ROUTINE
DISMOUNT	SALTO
FLOOR EXERCISE	SOMERSAULT
FLYAWAY	STILL RINGS
FRONT PIKE	TWIST
HANDSPRING	UNEVEN BARS
HORIZONTAL BAR	VAULTING HORSE

Types Of Tea

```
D Q B I H G T J S J A I I W Y
E P A W E X M T B S S Y N T A
G Q R T B P T N Y L S D L M G
R T I R I G L I N B A E C O N
J P S L F A L M G R M C L R O
T E U A A L C R J S R D K O H
O U L S F N E E G A E P F C N
A A R O C K E P Y N S W A C A
V U N K O L A P N L O M S A I
R R O Z I S B E A G O L I N D
X X Q N G S E P R L I N O N U
A R G M A D H L K B P L U O E
Z P I U L V Q K E E M U N B Z
V N E E R G S U L A R H I T I
U D A B L U O H S O F W Z S R
```

ASSAM	KEEMUN
BLACK	LOOSE LEAF
BREAKFAST	MOROCCAN
CEYLON	NEPAL
DARJEELING	NILGIRI
DIAN HONG	OOLONG
FO SHOU	PEPPERMINT
GOLDEN NEEDLE	QI LAN
GREEN	RIZE
JASMINE	TURKISH

Country Music Legends

```
H T I M S E I N N O C R S C A
H S A C Y N N H O J D S E K C
M E C I R P Y A R T W E T E R
N O S L E N E I L L I W T N Y
S N E W O K C U B H G G E N S
N K S S N W O R B E H T N Y T
O B O B B I E G E N T R Y R A
R B M O E B A N D Y Y E W O L
M N O T R A P Y L L O D Y G G
A P U U B B F L S V A F M E A
J S X H T P H L U M K O M R Y
E N I L C Y S T A P A L A S L
A F F U C A Y O R I M E T L E
N A N N E M U R R A Y Y C T I
S E N O J E G R O E G O E O O
```

ANNE MURRAY	KENNY ROGERS
BOBBIE GENTRY	MOE BANDY
BUCK OWENS	NORMA JEAN
CONNIE SMITH	PATSY CLINE
CRYSTAL GAYLE	RAY PRICE
DOLLY PARTON	RED FOLEY
DWIGHT YOAKAM	ROY ACUFF
GARTH BROOKS	TAMMY WYNETTE
GEORGE JONES	THE BROWNS
JOHNNY CASH	WILLIE NELSON

Types Of Sugar

```
H E T P L S Q U D E N I F E R
S C O N F E C T I O N E R S U
S I D I S B N S B N A Q H O G
T L A P D U U A O W T A Z T L
A T V G E C P K C O U E R C U
M U O M R R Y E E R R Y B U C
O E C O E A D T R B A P B R O
P Y S T D G N A J F L G Y F S
A E U Z W U A U T E I S U T E
S A M A O S C S L Z T N H S Z
R F F T P Y K E M A O I E X L
T U C S T L C U L Q T M H K T
S E S S A L O M V C D E T W C
C E L C A E R T I E T A D I N
S N M Q C J B R R J R Q I S E
```

BROWN	NATURAL
CONFECTIONER'S	POWDERED
CRYSTAL	REFINED
DATE	ROCK CANDY
FRUCTOSE	SUCROSE
GLUCOSE	SUGAR CUBES
GRANULATED	SUGARCANE
JELLY SUGAR	SUPERFINE
MOLASSES	TREACLE
MUSCOVADO	WHITE

Learning To Drive

```
F Z R W W S E L U R T G P D X
I C E G A D Y Q J O I S A A T
R P V N N R O A D S I G N S L
S T E E R I N G W H E E L H T
T U R M O V G I N H H T H B A
L O S A I I P N N I G F F O U
E B I E B N I H A G K I E A S
S A N K A G I O A H L R H R K
S D G A B T S M Y Z C I A D A
O N E R V E S N U A A E G P O
N U L B P S U N I M H R N H R
N O L O R T N O C L A U D A T
T R O T C U R T S N I G J S L
B V T I T R T R O A D T E S T
D U R Z I T T B D L R B T L R
```

BRAKE	MINIMUM AGE
DASHBOARD	NERVES
DRIVING TEST	PARKING
DUAL CONTROL	REVERSING
FIRST LESSON	ROAD SIGNS
GAS	ROAD TEST
HAZARDS	ROUNDABOUT
HIGHWAYS	RULES
INSTRUCTOR	STEERING WHEEL
LANE-CHANGING	WARNING LIGHT

A Bit Of Muscle

```
E R S T R T S D O Q P R S J P
R T V Y S H I U U R A V R P E
O D R G S S O A E P L R D A U
N S G I N U D M R N L L H O E
I O U T C R I O B B O T C S R
M O K P I E C D R O I C K Y D
S H I C I E P A E N I B N R D
A E E Z R N C S N P S D Z A E
O P D U T H A K I A A M S I L
S A S U I R O T R A S T M L T
P S O A S M A J O R A A S I O
E A L R A L U C I R U A L C I
H I S U I Z E P A R T Q R I D
S N Z S I L A T N O R F F N S
P W B I C E P S U C A I L I I
```

ANCONEUS	PROCERUS
AURICULAR	PSOAS MAJOR
BICEPS	PSOAS MINOR
BRACHIALIS	QUADRICEPS
CILIARY	RHOMBOIDS
DELTOID	SARTORIUS
FRONTALIS	STAPEDIUS
ILIACUS	SUPINATOR
NASALIS	TRAPEZIUS
OCCIPITALIS	TRICEPS

Ski Resorts

```
O R U H M A R B A T N U O M C
R M O U N T S N O W I J T S A
B O Y N E M O U N T A I N R R
I Z N T B S Y T L S T M E K R
G L P E R S A S O U N I C G O
R R A R E K W L S N U N A R W
O A O M T I G M T D O Y L E H
C E L O T S O K V A M P P E E
K B I U O U O A A Y O E R K A
W G P N N N V E L R C A E P D
A I E T W D A P L I I K T E M
N B A A O O L S E V P J N A P
U I K I O W L T Y E U J I K F
N K S N D N E A Y R D W W F O
T S U S S C Y P S K I W A R D
```

ARROWHEAD	PAOLI PEAKS
BIG ROCK	PATS PEAK
BOYNE MOUNTAIN	PICO MOUNTAIN
BRETTON WOODS	SKI BIG BEAR
GREEK PEAK	SKI SUNDOWN
HUNTER MOUNTAIN	SKI WARD
JIMINY PEAK	SUNDAY RIVER
LOST VALLEY	TITUS MOUNTAIN
MOUNT ABRAM	WINTERPLACE
MOUNT SNOW	YAWGOO VALLEY

Musical Instruments

```
U M U C I N K U E A S E I T U
E N O B M O R T V S L Q P A D
T F B T R U M P E T W I F I R
Z L O P C U Q T R N A S D O F
G S E N W P P I L N I G M L F
E O O D R E D R O C E R U P B
U N R O H H C N E R F T A O U
P A G A P A N P I P E S P L I
A I A C C O R D I O N D O O C
T C N D P E O R E V M C G C P
I L H E N O H P O X A S U C R
T U T E R O D L E R R B A I P
V D O N E T G F I F E D U P G
R S G O P T E N R O C E Q T M
F N O O S S A B A Q S K Z R D
```

ACCORDION	OCARINA
BASSOON	ORGAN
CLARINET	PAN PIPES
CORNET	PIANO
DIDGERIDOO	PICCOLO
DULCIAN	RECORDER
FIFE	SAXOPHONE
FLUTE	TROMBONE
FRENCH HORN	TRUMPET
OBOE	TUBA

Supermarket Chains

```
M D G O S W D Y A B T E E W S
C C R E Y E M D E R F A H X A
S O I P V F R Y S F O O D W F
H H S T R A M L A W L A I S E
P A T T Y E S G P E U L L I W
L F A I C M L N F U R B L R A
A A R D M O A O P S W E O A Y
R R M L C S O R G O J R N A R
N M A A C D T E K N H T S H R
I F R E S H A N D E A S Y T O
O R K I Y J A S F P T O V O L
S E E L F O O D L I O N R S S
E S T U R A N D A L L S R E T
L H Z L R I G T U B A R R E S
A P E R E U C P T T H X A R R
```

ALBERTSONS	FRY'S FOOD
ALDI	RALPHS
CARRS	RANDALLS
CITY MARKET	SAFEWAY
COSTCO	SHOP 'N SAVE
DILLONS	SMITHS
FARM FRESH	STAR MARKET
FOOD LION	SWEETBAY
FRED MEYER	WAL-MART
FRESH AND EASY	WHOLE FOODS

Butterflies

```
P H C R A N O M X H P L H F S
P F Y E I E V U A E A E L R U
G E N P C E R L A R R O O C K
H L A P K U G B G M R S R O L
R B B O Z Q L E E I I I E N W
Z R L C P U M S D T M K D I O
U A U G E A C A A S I A S F L
R M E O R O W P O K R T A L L
Y N B B P H A N L I D D T E E
F E L P I T P A S P E J Y N Y
H E E T C A V E L P R D R W Y
A R E H T N I F L E Y R A O H
W G X C C V I C E R O Y L R S
I C H C T A P D E D N A B B L
U C X L M I A M I B L U E R A
```

BANDED PATCH	LARGE MARBLE
BOG COPPER	MIAMI BLUE
BROWN ELFIN	MONARCH
CRIMSON PATCH	PEA BLUE
CYNA BLUE	QUEEN
FLORIDA WHITE	RED RIM
GREEN MARBLE	RED SATYR
HERMES COPPER	ROSITA PATCH
HERMIT SKIPPER	SHY YELLOW
HOARY ELFIN	VICEROY

Indiana Jones

```
I E D A S U R C T S A L P X T
U M R X S A C U L E G R O E G
R P O E I E K R A T S O L C L
C E F O R N A H G O R E H O L
G N N R D U E N X X A N U R U
S Z O E X F T O F T F B V E K
K I S T U P O N H L A R E Y S
R J I S L E I E E P A P M C L
A Q R L K A R H L V R N X A A
P A R O H J W M W P D E E R T
E R A H A N N Y U L M A V R S
M O H C K T Z A R T L E D I Y
E D K Y I T T U B N H U T E R
H E L L A H E G R O E G B R C
T F D S Y G O L O E A H C R A
```

ADVENTURER	HERO
ARCHAEOLOGY	HOLSTER
BULLWHIP	KHAKI
COREY CARRIER	LAST CRUSADE
CRYSTAL SKULL	LEATHER JACKET
FEDORA	LOST ARK
GEORGE HALL	RIVER PHOENIX
GEORGE LUCAS	SEAN FLANERY
HARRISON FORD	TEMPLE OF DOOM
HENRY WALTON	THEME PARKS

```
P P A W I G T C E R W P U I T
G X T Y A A J P O A Y R U Z S
U A I E R C C U T A S U T O P
C A F N B A E A E A I P F P P
N A F T A I O F U K W S C O R
A R P A N E T E N R Y J X K L
T L Y T M S A D N C G X O W I
M L F E C I N U A W F S O Q I
Y Z C M F H T D C T Q S O O J
P F E N A S A A I E H Y S N L
T A T L D R P Z W L P M D T E
U Q S P P R D G C M A O E S U
E M E A Q R L S A G W R L F O
O L S Q V R I W A Z Z A S O F
D E U T B M P M T I Z O H B K
```

ARPANET	MIT
ASAP	NAFTA
ATM	NASA
CAPTCHA	NATO
DARPA	OPEC
EBITDA	POTUS
FAQ	SDRAM
FOIA	TIFF
GPS	UNICEF
ICANN	WYSIWYG

State Birds

```
N E R W S U T C A C N S S N B
I E N I F F U P A E E O T A R
B D M L H R Q R N A K U L G O
O A D L E E H E E C C T A I W
R K R O R M C N S O I T R M N
A C I W M M N N U M H S K R T
C I B G I A I U O M C K B A H
A H G O T H F R R O N B U T R
R C N L T W E D G N E L N P A
D R I D H O L A D L H U T W S
I N K F R L P O E O E E I O H
N J C I U L R R F O U B N L E
A U O N S E U X F N L I G L R
L L M C H Y P Q U U B R R I A
E I T H R S P S R M C D T W C
```

BALTIMORE ORIOLE

BLUE HEN CHICKEN

BLUEBIRD

BROWN THRASHER

CACTUS WREN

CARDINAL

CHICKADEE

COMMON LOON

HERMIT THRUSH

LARK BUNTING

MOCKINGBIRD

NENE

PUFFIN

PURPLE FINCH

ROADRUNNER

ROBIN

RUFFED GROUSE

WILLOW GOLDFINCH

WILLOW PTARMIGAN

YELLOWHAMMER

In The Clouds

```
X L E Y U S E S S O N N F E T
U D E R E Y A L H G I H R T J
S G W N E N O Z O A M S A T R
H V R S T H G A S B B E C C T
R Y S A U I P I P Z U A T O P
A F U W Y T C S M W S R U N O
O F O R I S A U O I A M S D A
I U E S A S K R L M I N P E E
J P R E C I P I T A T I O N S
K C C Y C H N Y E S R A R S P
W E A T H E R C I S E R D A S
Y A N N O C T I L U C E N T T
T V T S A C R E V O R U I I P
C I R R U S U L U M U C A O R
O Q U B W P J S S A E D R N I
```

ATMOSPHERE	NOCTILUCENT
CIRRUS	OVERCAST
CONDENSATION	OZONE
CUMULUS	PRECIPITATION
FRACTUS	PUFFY
GRAY SKIES	RAINCLOUD
HIGH LAYER	RAINDROPS
LENTICULAR	STRATUS
NACREOUS	WEATHER
NIMBUS	WISPY

Yellowstone

```
W K Q H B M E O Y R Z F P F G
O G R A S S L A N D S T O O T
S S R A E B Y L Z Z I R G A J
R E N I P L A B U S E R O U O
E C V A W L T K T S A P P L N
V O U L I T A A T N G I D A A
I S N R O T C N D E W F W S C
R Y U R Z W S C O F A F Y T L
E S S R M F A T S I P L O S O
S T N E I N H P T L T A M I V
Y E O L Y E T H C D A A I R R
E M Y O R Q F P R L C P N U E
G J N M O U N T A I N S G O P
I T A A L A K E S W A L S T U
Z L C J I P L A V A R O C K S
```

CANYONS	MOUNTAINS
ECOSYSTEM	NATIONAL PARK
FOREST	OLD FAITHFUL
GEOTHERMAL	RIVERS
GEYSER	SUBALPINE
GRAND CANYON	SUPERVOLCANO
GRASSLANDS	TOURISTS
GRIZZLY BEARS	WILDLIFE
LAKES	WOLVES
LAVA ROCKS	WYOMING

Pacific Ports

```
A K O E E G A R O H C N A B R
S V E L P I K S I K I N E P L
Q O T T G R A Y S H A R B O R
P W S T C D Q H A C L E N R B
Y T K A P H I T O K L G D T S
F K P E T A I R T L B S I A I
L A L S J B T K I E Q S N N Z
V L D E X E E N A A R D D G A
L A O N S K G C S N I E S E T
J M L E A H H T S E C E V L A
P A B D A L O N G V I E W E C
B R E M E R T O N Z A X T S O
S O A E I Z J R Y T N T Q I M
A C U A E N U J O L Y M P I A
K T O L W M C Z O P C O Y A O
```

ANACORTES

ANCHORAGE

ASTORIA

BELLINGHAM

BREMERTON

EVERETT

GRAYS HARBOR

JUNEAU

KALAMA

KETCHIKAN

LONG BEACH

LONGVIEW

NIKISKI

OLYMPIA

PORT ANGELES

PORTLAND

SAN DIEGO

SEATTLE

TACOMA

VALDEZ

In The Hotel

```
H N R K B W Y C N A P U C C O
R M O S E A A T G U R O N M L
A E K S D U Q K S U N P I R X
P E C T A I Q Q E C E N G U A
A T O N N E C I I U I S H A A
R I N A D X S E T B P T T R P
T N D R B G R W A U N C M S O
M G O U R G Q R O O O S A Z A
E R M A E T S T W L Q B N L D
N O I T A D O M M O C C A J L
T O N S K N O S A E S H G I H
L M I E F B O O K I N G E E Z
D S U R A K S E D T N O R F L
O R M T S E I T I N E M A C O
U S E I T I L I C A F R F Q P
```

ACCOMMODATION   FRONT DESK

AMENITIES   GUESTS

APARTMENT   HIGH SEASON

BARS   LOW SEASON

BED AND BREAKFAST   MEETING ROOMS

BOOKING   MINI BAR

BOUTIQUE   NIGHT MANAGER

CONCIERGE   OCCUPANCY

CONDOMINIUM   RESTAURANTS

FACILITIES   WAKE UP CALL

Basketball Terms

```
T P T A P I D F W R A R W B U
S T S I U L D E X T C Q L T G
I K N U D M A L S X E O K S P
S D B A C K B O A R D K U D I
S C N S W G L R G P B O S R R
A D S R D Q N T E D O B O A T
C E N T E R C I R C L E J W B
J Y F U D K S T K S E E N R G
G E E A O R A I P C W I I O N
P S L L A B P M U J O S V F I
E N B Z S S F E Y C D L H E D
R E B O U N D O W A P G B U R
I F I A I Z U U T I L B P R A
O F R G N R Y T A U T P I X U
D O D F R E E T H R O W W H G
```

ASSIST	GUARDING
BACKBOARD	JUMP BALL
BASKET	OFFENSE
BLOCKING	OUT OF BOUNDS
CENTER CIRCLE	PERIOD
COURT	PLAYMAKER
DRIBBLE	REBOUND
FIELD GOAL	RECEIVER
FORWARDS	SLAM DUNK
FREE-THROW	TIMEOUT

Famous Johns

```
G S G G R I S H A M M S N K N
M D A L T O N A D A M S E P Y
P W L C O P C C L H S A B C R
H C U Y P A T K A T I F C O F
M R N P B K O G E Z R L Y L A
W V R O D V C I L F E B J T T
Q U T R I I N A I E E R D R L
T R F C E B K T S L N L E A O
R Z H P E V T E U U K N L N V
T O V C P E N S X X C W O E A
A F K C R I H E P P E D R N R
A X R V I I R Y D E N N E K T
Y T B Y A S Z K U Q Y P A I N
X F M Q Y T C H Q B A K N G L
I R T S V B B R B J W D C Z S
```

ADAMS

BELUSHI

CABOT

CLEESE

COLTRANE

CUSACK

DALTON

DELOREAN

DENVER

DEPP

GLENN

GRISHAM

KENNEDY

LENNON

MALKOVICH

ROCKEFELLER

STEINBECK

TRAVOLTA

UPDIKE

WAYNE

Philosophers

```
H P D E T B P T C T Z W W C G
H R C O B T Y R Q O S V H A T
N I E T S N E G T T I W T O Y
D L L L I M L N V O T P G P I
U L P A T D A R N L R A L K M
E E V C A O P L U E L E G A N
O V O S X Q T W S S D L D O L
R A C A M U W S U S S A T I X
V I S P A I P U I A E E A T D
Q H L I R N C S C R T M L W G
G C I A X E R Z U T A O U L B
U A Z O N I P S F R R W W H D
D M T O T A L P N E C I L E X
A S N I W N A L O I O Q P S T
U P W Z B S T U C P S B O S E
```

ARISTOTLE	PASCAL
CONFUCIUS	PLATO
DENNETT	POPPER
DIDEROT	QUINE
HUME	RAWLS
MACHIAVELLI	RUSSELL
MARX	SARTRE
MILL	SOCRATES
NAGEL	SPINOZA
PALEY	WITTGENSTEIN

Hawaii

```
U S K E L L A R R A R N J L N
S S T A E K L U F I T U A E B
R N C H Y G N W C D D C W O B
U O C O E O A T E H T E C P K
O R Y L T B T U T L S E A A T
T K E A K L I R G T A X M C G
A E L R L P O G S N C T O I E
B L R M U P N T I H A Y L F E
U I E R I T A S T S S L O I F
C N T C N T L L B O L P K C F
S G A O E A P U A R U A I A O
T L W H N U A U C C K R N R C
P P L D P C R W A V E S I D X
E A M A B O K C A R A B K S R
L B I R D I S L A N D Z S Y M
```

ALOHA	OCEAN ISLAND
BARACK OBAMA	PACIFIC
BEAUTIFUL	ROYAL PALACE
BIRD ISLAND	SCUBA TOURS
COFFEE	SNORKELING
CULTURE	THE BIG ISLAND
LANGUAGE	TOURISM
MOLOKINI	TROPICAL
NATIONAL PARKS	WATER
NEWEST STATE	WAVES

Time Periods

```
C E Y T M P J U R A S S I C Z
R L E T S I L C E G A E C I Z
E S A S L A C I R O T S I H K
T G R C T M S I O S P T W T L
A S A A I O E F O C S Y D I C
C X E E O G N S U S E E I L T
E N N R Z E O E O N T N R O R
O A E G T N G L A L F R E E I
U I C O S M O L O G I C A L A
S R O G L Q S R I E E T B A S
F B E H D I A R B O G N H P S
H M M P X K T E G A N O R I I
N A I M R E P H P M M L U K C
A C U E B U N A I N O V E D R
I E F T S H O L O C E N E Z L
```

BRONZE AGE	IRON AGE
CAMBRIAN	JURASSIC
COSMOLOGICAL	MESOLITHIC
CRETACEOUS	NEOLITHIC
DEVONIAN	PALEOLITHIC
EOCENE	PERMIAN
GEOLOGICAL	PLIOCENE
HISTORICAL	STONE AGE
HOLOCENE	TRIASSIC
ICE AGE	YEAR

Pool Stars

```
J E K O L E G I S E K I M Z A
L L A H Y D D U B U R T W P Q
O E R R E N R A V K C I N R E
U P E S L E U E D Y E R O C T
B I Z I T S E W S A L L A D C
U E I R X G T O N Y E L L I N
T P M R E H C R A Y N N H O J
E M E O E C R E I P D E E R S
R E V M E N A L K C I D A U L
A R E Y E S S A M E K I M P V
S M T E N O T A T S L L I B A
T I S N I R V I N G C R A N E
I J T D O C H E F A N T O N N
J Y J O E B A L S I S A V B D
Q L O R U T A M S E M A J I R
```

BILL STATON
BUDDY HALL
CHEF ANTON
COREY DEUEL
DALLAS WEST
DICK LANE
EARL STRICKLAND
IRVING CRANE
JAMES MATURO
JIM REMPE

JOE BALSIS
JOHNNY ARCHER
LOU BUTERA
MIKE MASSEY
MIKE SIGEL
NICK VARNER
REED PIERCE
RODNEY MORRIS
STEVE MIZERAK
TONY ELLIN

Cities In Nevada

```
P S H P B S H F W C U J T Y K
T G E Y A E V O C R Y H P E Z
H N T R K Y A O S C E X K L I
V I I U E E J T A I A C H L P
W R U B R N T R T S R O R A E
Q P Q S O T L T J Y P R N V O
F S S G N I R P S H S A O E S
W N E N N H N T R I C L V S G
A A M I U W A E H A I A E I B
W I F K L L N E D R A M R D A
E D S T B I J A C K P O T A P
I N I A T N U O M D N U O R O
F I Y E G A L L I V Y D N A S
Y Z T E I U Q X W S R G M P D
P R E C P H Y L R A E I P U V
```

ALAMO	JACKPOT
ARDEN	KINGSBURY
ASH SPRINGS	MESQUITE
BAKER	OVERTON
BEATTY	PANACA
CARLIN	PARADISE VALLEY
CRYSTAL BAY	ROUND MOUNTAIN
DENIO	SANDY VILLAGE
GENOA	WHITNEY
INDIAN SPRINGS	ZEPHYR COVE

Tom Hanks

```
T R L J D Z P R X R R W S G P
T A A I N S M O O A A A C G H
E T I M A A U A F E F E O Q I
K S N L L M G D E L G N N T L
C D R O O B T T O I H I C C A
E O O V N A S O J M U L O A D
B O F E K L E P G N A H R S E
W W I L C D R E R E P C D T L
E Y L L U W R R K E V N P A P
R L A O H I O D P R P U S W H
D L C H C N F I P G W P O A I
N O D G N A L T R E B O R Y A
A H P R E L L I M H N H O J U
R Y R O T S Y O T T T W A D X
T H E D A V I N C I C O D E Y
```

ANDREW BECKETT	PHILADELPHIA
CALIFORNIA	PUNCHLINE
CAST AWAY	ROAD TO PERDITION
CHUCK NOLAND	ROBERT LANGDON
CONCORD	SAM BALDWIN
FORREST GUMP	THE DA VINCI CODE
HOLLYWOOD STAR	THE GREEN MILE
JIM LOVELL	TOY STORY
JOE FOX	WOODY
JOHN H. MILLER	YOU'VE GOT MAIL

Dolls

```
M I N I A T U R E S C X D A M
Y K G T C O L L E C T I O N B
K O L N T R L A M F S P L I F
P S T L I K R A G D O L L A M
X U N T O E U Q I T N A H L R
B A S W N D B N Y W W S O E D
G I U W F E N N O X O T U C F
W C S J I M I E A I L I S R L
T B H Q G O Q C D M H C E O L
S Q X R U D T T N O U S G P A
S O A I R E Y R D A O H A W R
D A E H E L B B O B U W T F L
R K S L P T U O B L J O N K W
J T V Y A U P U Z O L U I R E
C T J V P R T A N I H C V W A
```

ACTION FIGURE	HUMAN BEING
ANCIENT TOY	MINIATURE
ANTIQUE	MODEL
BISQUE	PAPER
BOBBLEHEAD	PLASTIC
CHINA	PORCELAIN
COLLECTION	RAG DOLL
DOLLHOUSE	TROLL
FASHION	VINTAGE
HOBBY	WOODEN DOLL

Computer Languages

```
G O L O R P C P A Y H C K T D
P S Q R E A X L L A C S A P H
W C Z A V I S U A L B A S I C
A I U C K O F Z L R N P E R L
N L T L L M T L L G I G Z C T
O B J E C T I V E C B O O S D
I H P L E D N L K X X B N T P
S Y E E M S S M S C O U I S P
U E B U J C N I A L G O L O A
F Q S U R A S R H E Q U F P Q
D T P I R C S A V A J Y F Y F
L Q P T H R S N I T P Z C T I
O T R T U L V D Z A T Q A H O
C O O I U E J A S A I A Z O Y
F O U A Y I C U Q U U R H N A
```

ALGOL	MIRANDA
ANGELSCRIPT	OBJECTIVE-C
CLARION	ORACLE
COBOL	PASCAL
COLDFUSION	PERL
DELPHI	POSTSCRIPT
FLEX	PROLOG
FORTRAN	PYTHON
HASKELL	RUBY
JAVASCRIPT	VISUAL BASIC

Ice Hockey

```
T O N A N F Y A Q O T I L G T
A V E G N I H S A L S K C U P
R U E N I L R E T N E C O S A
T N J I O F F S I D E E T S M
M O I K X Z G G O P P H A G C
E I G C O O G N N I W C W N S
Z T O E I Q B N I I D Y Z I P
F C A H H N K Y I W K D I D O
I E L C R P G S T K O O Q L W
I L T S I S S A A L C B O O E
S F E S O K U A I M A A L H R
O E N O Z L A R T U E N T E P
U D D R I L H N T C V C E T L
O L E C H A R G I N G Z A P A
A B R E A K A W A Y I H M F Y
```

ASSIST	GOALTENDER
ATTACKING ZONE	HOLDING
BODY CHECK	HOOKING
BREAKAWAY	ICING
CENTER LINE	NEUTRAL ZONE
CHARGING	OFFSIDE
CROSS-CHECKING	PENALTY BOX
DEFLECTION	POWER PLAY
ELBOWING	PUCK
FACE MASK	SLASHING

The America's Cup

```
E G I T S E R P Q S R Y F L M
G N I L I A S D Z S P S L J L
N A S N A D S C W O T O O A S
E D R Q T S E T H E P H R T O
L Y E Y J E G E S O N A C T A
L S N F J L R H D B O R E A E
A E G A E O U N I O A N O G Y
H C I W S N B D A S F A E E W
C A S F O Z D S I T T G R R P
T R E Y I L R E O Z I O I A K
S H D H E F A M R N L O R F U
T C L P R U W T V A W L N Y T
Q T M O Z R D T L H W R Z A Z
H A R R Y M E L G E S J R P L
S M R T S I L V E R E T T U C
```

CHALLENGE	JOHN BIDDLE
CUTTER	MATCH RACES
DEED OF GIFT	PRESTIGE
DEFENDER	REGATTA
DESIGNERS	SAILING
EDWARD BURGESS	SCHOONER
GARY JOBSON	SILVER
HARRY MELGES JR.	SPORT
HISTORY	TROPHY
INTERNATIONAL	YACHTS

Popular Websites

```
Y A J C G R T Q L R B E K F P
L O A K A A B X T H T R B Q U
O A U E A U L S P O L I V V O
J U P T L F O Q U R N V L S S
F S A Y U W G O O G L E M R L
T X N C A B G K Z I F N B U S
F W I K I P E D I A A R H A W
B O D L E O R K C I L F S J Y
L R E K F Z R E T T I W T V H
O D K R A T B Y L G E T A R Q
G P N Z T O E C A P S Y M B T
S R I I O S I N G J P Q A E A
P E L K P K U L G O S A Z U W
O S N N A E A H P Y A H O O M
T S I L S G I A R C P M N I P
```

AMAZON	GOOGLE
APPLE	LINKEDIN
BING	MYSPACE
BLOGGER	NETFLIX
BLOGSPOT	PAYPAL
CRAIGSLIST	TWITTER
EBAY	WIKIPEDIA
ESPN	WORDPRESS
FACEBOOK	YAHOO
FLICKR	YOUTUBE

Heroes

```
A P R E C O G N I T I O N T W
P M Q E N A M E L O C K C A J
F P O S T Y H T A P E L E T M
K T O H I R O N A K A M U R A
C R Y H I D A F L I G H T N Y
L H I H S N A L R N S C Y A A
G W E S T I D E I Q Y E N M H
N C Z E T A B E O L L T A U E
I H R Y R E P E R U A A P H R
R F T U N L N O L S R M M R R
K R I N T G E B N L U I O E E
M U E C S I T A E H E R C P R
I T L X S T M Q D L C P E U A
T T I M E T R A V E L E H S D
A F U U I V O P S R R U T R H
```

ALI LARTER	PRECOGNITION
CHEERLEADER	PRIMATECH
CLAIRE BENNET	SCI-FI
ELLE BISHOP	SUPERHUMAN
FLIGHT	SYLAR
HIRO NAKAMURA	TECHNOPATHY
JACK COLEMAN	TELEPATHY
KRISTEN BELL	THE COMPANY
MAYA HERRERA	TIM KRING
MOHINDER SURESH	TIME TRAVEL

Extreme Sports

```
G K I T E S U R F I N G S S Y
G N I P M U J F F I L C N R S
N N I T A S U P E R C R O S S
I R I D E R A F T I N G W B O
B C U D R B A B A Y J S B M R
M A S O R A O G S S N U O X C
I N S K K A O A L E M L A R O
L O D E Y R O B R I I B R I T
C E A O J D A B Y D D L D D O
K I S A U U I P E D I I I I M
C N T T I S M V O T O N N N T
O G F T I S T P I J A B G G G
R Z J E T S K I I N G K X C A
I C E C L I M B I N G R S M Y
W I N D S U R F I N G Q R O A
```

ABSEILING

BASE JUMPING

BMX RIDING

BODYBOARDING

CANOEING

CLIFF JUMPING

ICE CLIMBING

JET SKIING

KITEBOARDING

KITESURFING

MOTOCROSS

PARAGLIDING

PARKOUR

RAFTING

ROCK CLIMBING

SKATEBOARDING

SKY DIVING

SNOWBOARDING

SUPERCROSS

WINDSURFING

Glaciers

```
E J R P U L L A Y U P A N D Y
I U R E A S R E F F E J O I A
M N B O G C S E T A B E T M S
E E A O R N Y F I I W J E A L
Z A I Q U E E T S R W N C R S
H U B B A R D L R W D A N Y P
A P M A I S V I L E B T I P O
W K U S K U L A N A B Q R K R
K C L R Y V T H R T H I P F T
I E O L J R A N S H J C L E A
N L C W O L A N D E R S O N G
S A C O L R S P A R A D I S E
R F K V D I R R M O A I R D C
N B S M U A T A J U T U A R T
P P R X F I A Z C M G S E D I
```

ANDERSON	JUNEAU
BARNARD	KUSKULANA
CARROLL	LIBERTY CAP
CHALLENGER	MENDENHALL
COLUMBIA	PARADISE
COWLITZ	PORTAGE
FAIRWEATHER	PRINCETON
HAWKINS	PUYALLUP
HUBBARD	PYRAMID
JEFFERS	QUEETS

Thomas Jefferson

```
R N X R E H C A E T A Y S D V
S F O U N D I N G F A T H E R
M P T I G O V E R N O R O C P
I C S N T M O N T I C E L L O
E N O P E U S P B W D B P A L
T O D B P M L H E C S I R R Y
C U H E U V N O A S S L E A M
E M T A P R A E V D I F Y T A
T A R O K E G E T E W O W I T
I R E T Q C N E E H R E A O H
H T D V O P U D S L G R L N I
C H A R L O T T E S V I L L E
R A K R O T N E V N I P L H P
A I N I G R I V H B C M H N K
T H I R D P R E S I D E N T E
```

ARCHITECT	LAWYER
BURGESS	MARTHA
CHARLOTTESVILLE	MONTICELLO
DECLARATION	POLYMATH
EMPIRE OF LIBERTY	REVOLUTION
ENLIGHTENMENT	SHADWELL
FOUNDING FATHER	TEACHER
GOVERNOR	THIRD PRESIDENT
INDEPENDENCE	TUCKAHOE
INVENTOR	VIRGINIA

Family Guy

```
S X R Y O N G C O M E D Y Q Z
R Q Q T X S N O I T A M I N A
C A M D S C L L H N Y O A I I
C E N A L R A F C A M H T E S
N A I R B K N P E M U M R D O
N K F R U A O A S D N Q E N Q
S R F N R J I E Y L P R T A U
S P I N I E T S R O B X E L A
I S R A P H C C N G U U P E G
R Y G J G O N D E L V X I V M
H P G R J S U W H I O H M E I
C U E T E O F F E E W I R L R
L E M R J D S P K N I E S C E
N O S O K A Y L I M A F T P W
P T N J R L D P M S S W P S L
```

ALEX BORSTEIN

ANIMATION

BRIAN

CHRIS

CLEVELAND

COMEDY

DYSFUNCTIONAL

FAMILY

HUMOR

LOIS

MEG GRIFFIN

MIKE HENRY

MILA KUNIS

NEIL GOLDMAN

PETER

QUAGMIRE

QUAHOG

SETH GREEN

SETH MACFARLANE

STEWIE

New York Taxi

```
E O T B E R W A I T I Y O V U
C P A S S E N G E R W F R L R
U U Y S R R E G U L A T E D R
D N A T S I X A T R K S T L O
B E D R I V E R E T X I U C D
F R M E D L I V E R Y C A B S
L I C E N S I N G S C H E M E
A H O T D A K B O R O U G H S
G R A H T A T R A N S P O R T
G O G A V R L T B L J C S B H
I F F I O D A L A M I U R T G
N W O L L E Y F I H T A R P I
G U T Y T U D F F O N K V C L
X O E L R S R O L I N A I A T
A T R U T K U L Y R C K M T D
```

AVAILABILITY	MEDALLION
BOROUGHS	OFF DUTY
DRIVER	PASSENGER
FARE	REGULATED
FLAGGING	STREET HAIL
FOR-HIRE	TAXI STAND
LICENSING SCHEME	TOLL
LIGHTS	TRAFFIC
LIVERY CABS	TRANSPORT
MANHATTAN	YELLOW

Armor

```
G T E N O G R U B F P J Z P A
Q T E N I C S A B A A R B C I
R R C L E O R K R E B U A H Q
V O A K T C L O S E H E L M Z
U T R F M N G U P R C C L D P
S U B I L R U X A K U E I A U
I S M N E A S A E S I I S J C
X E A A H V K T G R R P T I Y
A H V B T R T J O Y A D I U R
S E E D A L H O A U S O C L T
N L N Z E T T Z L C S C V P R
E M T H R T O D R V K I E O A
O E A G G C E N W B S E S R X
F T I G P R A L V E K I T R A
G E L P K A T F W U V E N E E
```

AVENTAIL	GREAT HELM
BALLISTIC VEST	GREAVE
BASCINET	HAUBERK
BURGONET	HELMET
CLOSE HELM	KETTLE HAT
CODPIECE	KEVLAR
CUIRASS	SABATON
FAULD	SPAULDER
FLAK JACKET	VAMBRACE
GAUNTLET	VISOR

Military Vehicles

```
U U I N R W I E S E L R Q A R
B S G U B Z G S C E E E P C P
K S P R M R C A L F Z Z H R V
I N R R A O J X M F A T E U F
O E A E U C P Y Q A T I L I Y
F K A T K N T A R H G W L S T
L N C S M C P A B C F O C E E
M A O U J U A P B R C H A R P
R T F D E U I B E M A R T T P
U T H G I N K D E R O M R A I
S H E R I D A N E N S C S N H
R G O F R R N R Q M I H F K W
C I S S E E T S U C O L I Z Z
Q L V L E M A S H E R M A N S
Q T I P A T T O N A P I U U G
```

ABRAMS	LINEBACKER
ARMORED KNIGHT	LOCUST
CHAFFEE	MEDIUM TANK
COMBAT CAR	PATTON
CRUISER TANK	PERSHING
DUSTER	SCOUT CAR
GAMA GOAT	SHERIDAN
HELLCAT	SHERMAN
HOWITZER	WHIPPET
LIGHT TANK	WIESEL

Male Tennis Stars

```
X H C L A L J T V R A H T P A
S C I V O K O J D I A Z D O G
L Y L F P L N N S V D T A V D
A D I A S M L I Y A R R U M D
A R C E S O D E R L I N G E L
L E S T X N K S E W G T K L G
J B Y X A F K N E K A C V Z R
P S Q D A I Z F E I I W V E N
U P A U O L I F E D E R E R R
V L X S E S F F D R Y R R P E
A T W N H R E O D T A V D K A
W M N T V L R T S O N G A U W
C L A U R J R E L W T L S D C
T V N I S N E R Y L B X C A C
D R W Z W R R Y N H Z U O Y R
```

BERDYCH	MONFILS
BLAKE	MURRAY
CILIC	NADAL
DAVYDENKO	QUERREY
DJOKOVIC	RODDICK
FEDERER	SODERLING
FERRER	TSONGA
FISH	VERDASCO
ISNER	WAWRINKA
MELZER	YOUZHNY

Getting Married

```
L U C W C G I E O U J T L N R
A V R A I J B Y L J C M D Q A
T O E F K T W R V O T Z X H D
R R T J I E T B W I P R L O N
H S A S S R E C E P T I O N S
I D E D S B S Y G N I D D E W
A I N V I T A T I O N S H Y O
M A T S B T R H D L F P L M V
S M S M R F I F C A I E R O T
I S G O T A N O L R N E Q O R
O E E O S T G N N O U C V N S
P D V R S P U E J A W H E S M
J I T G D G D U L S L E C G Q
S R O M A N C E X N S S R A S
I B I R A K E E G U E S T S L
```

BRIDESMAIDS	INVITATIONS
CAKE	KISS
CHURCH	RECEPTION
DRESS	RING
FIRST DANCE	ROMANCE
FLOWERS	SPEECHES
GIFTS	TRADITIONAL
GROOM	VEIL
GUESTS	VOWS
HONEYMOON	WEDDING

Pottery

```
Q Q D L O M U U U O T P Q O V
K E E Z A L G R E D N U Q S J
C R C A T A J W I B R H D O G
E J O K R O W D N A H Y A L C
R Z R W K T T R Y G S U A F I
A N A P L I H C G T L Z T F N
M I T L P E L E O A I C M U P
I A I A G R E N N N P O O J A
C L O S S R E H G W C L S D A
S E N T B W E O W Y A O P K H
T C U E A I W V A L S R H Z Z
X R O R L T F J O E T A E W V
U O E X S G N I H S I N R U B
A P R O D U C T I O N T E A J
V S S S U S O J O V G S D T L
```

ATMOSPHERE	MOLD
BURNISHING	OVERGLAZE
CERAMIC	PLASTER
CLAY	PORCELAIN
COLORANTS	PRODUCTION
DECORATION	SLABS
EARTHENWARE	SLIPCASTING
GLAZING	STONEWARE
HANDWORK	UNDERGLAZE
KILN	WHEELWORK

'Able' Words

```
E L O V A B L E G S P U R V U
A U Y P S X I Z N R T P W N L
T E R S I T K T O T S Q A F M
M F F A B L E B E E J B R U R
S E L B A Y A L P R L U S O Q
I O S E C B B H S E L B A R A
A T V Y L A L D T A S N A G Y
D R E E C B E R A D L U Y L J
O A E L G I A I B A Z T F O C
R M Z L K E P N L B F I Z A T
A I D M I Z T K E L L A P A Q
B A E L B A T A B E D A U J T
L B F R H T B B B A B I Z E L
E L B A W O L L A L Y G R C A
A E L B A G U E E X E L W A T
```

ADORABLE	GABLE
ALLOWABLE	LIKEABLE
AMIABLE	LOVABLE
ARABLE	PLAYABLE
CABLE	PROBABLE
CAPABLE	READABLE
DEBATABLE	RELIABLE
DRINKABLE	STABLE
ENABLE	UNABLE
FABLE	VEGETABLE

On The Beach

```
G Q W S O S Q R R I H I R X B
P U D A S U K I T E T T O P R
B H A U A R B I C R A B E I S
S Y S L N F D Y R S O L S E D
B A L E D E S S E A I T W R I
I J I L A R S L T C M U I O A
J C F L A S B S A A K O M I K
O V E S I B H N W I R S S R A
G O G C E N H E T I U F U R A
S I U P R M G C L W M A I D C
M N A Y U E N S A L T M T S X
V O R E T D A V S E L J I Q H
A N D Y R E E M T J B D R N L
A N H L I S M C Q E G U K A G
J A A K L R D Y S D T S W C S
```

BEACH BALL	SAILING
BOAT	SALT WATER
CRAB	SAND
DUNES	SEASHELL
ICE CREAM	STARFISH
KITE	SURFERS
LIFEGUARD	SWIMMING
PEBBLES	SWIMSUIT
PELICAN	TIDE
PIER	WAVES

Character Types

```
V S D E C I S I V E L B M U H
R N H S P R A E P I C D I T A
C R T N E D I F N O C E M A G
H A S T M C P A U S Y V P T U
E R L T U Z R R D D I O O X U
E B U L T R A E E E B T L F N
R E X D O G A B T N Q E I S F
F S X G E U L E R I U D T V E
U R A O R O S L E M V Y E U E
L N U O I R V L V R U E V I L
T S S V S K W I O E A U Q D I
Y D E T R E V O R T N I T Z N
G N I R A C N U T E X Z R V G
U D E V I O U S X D T A J S W
E T A N O I T C E F F A G A J
```

AFFECTIONATE	EXTROVERTED
ARROGANT	HUMBLE
CALLOUS	IMPOLITE
CHEERFUL	INTROVERTED
CONFIDENT	REBELLIOUS
COURAGEOUS	RUDE
DECISIVE	SECRETIVE
DETERMINED	SENSITIVE
DEVIOUS	UNCARING
DEVOTED	UNFEELING

Lost In Thought

```
E S I A R P P A E N I G A M I
N T E M A F J R A C R C T P N
W B A U R S N J U S O L S U S
E D W L R T O I O M Y R A L D
V T N Z U P T O P I I N R A U
I R A R I C C R S Y A N Y S O
E E E T A R E B I L E D A F L
C D N H I H L P Y E R E I T C
N I U I E D F Z S E S G Z R E
O S S N H J E V A L U A T E H
C N D K P H R M F R A A P F T
S O R I M M I L E S A W A Y N
W C T N E N Z O N E D O U T I
Z T T G G M U L L O V E R A R
O E T U E T A T I G O C P I I
```

ANALYZE	IMAGINE
APPRAISE	IN THE CLOUDS
COGITATE	MEDITATE
COMPREHEND	MILES AWAY
CONCEIVE	MULL OVER
CONSIDER	REFLECT ON
DAYDREAMING	RUMINATE
DELIBERATE	SPECULATE
EVALUATE	THINKING
FIGURE OUT	ZONED OUT

Counties In New York

```
E M O O R B H L Z Y S P S B R
R Y N I Y Z Z Y Y E K M I I D
I N O S R E F F E J X I R R H
E A T N E A A R A G A I N O I
G G L E M G T A X I S W K G A
N E I E O U S N E O L A U U S
U L M U G Y X K O S L R S O L
M L A Q T A Q L V B S R L T T
E A H S N C X I A I L E K O A
H A D C O M A N T U P N X T E
C I A I M T Y S O Y E K Q U P
B R Z Y S I W E L R P A L T R
O R P Y D O I T C Z B F N O L
L I N R S R N P K H B L A Z O
P B O T S H S S E T I O L Y T
```

ALBANY	JEFFERSON
ALLEGANY	KINGS
BRONX	LEWIS
BROOME	MADISON
CAYUGA	MONTGOMERY
CHEMUNG	NIAGARA
ERIE	ONTARIO
ESSEX	PUTNAM
FRANKLIN	QUEENS
HAMILTON	WARREN

In The Office

```
E R C C M U I M U T L K S A E
M H I A D V X S G M Y C G P K
P P I S Y S U R C H T D E Y P
O A X G S U J R R I A H C R S
T P P X H L Y F K I S L U S U
P E E E R L S T J E O S C H R
L R N N R E I P O C O T O H P
A C R I C W S G K D S P F R W
N L E H B I E A H T V T F A S
T I T C G A L I R T K S E D T
D P U A T E C P G E E D E N A
A S P M A L S C H H H R P E P
U O M X L T C U A R T R O L L
B B O A R D R O O M T H T A E
F A C F A E D E Y M B R I C R
```

BOARDROOM	HIGHLIGHTER
CABINET	LAMP
CALENDAR	MOUSE
CHAIR	PAPER CLIPS
CLOCK	PAPERWEIGHT
COFFEE POT	PENCIL
COMPUTER	PHOTOCOPIER
DESK	POT PLANT
ERASER	SCISSORS
FAX MACHINE	STAPLER

Wine Words

```
G A T H S B A L A N C E R O N
J S T J O E R U T X E T K L L
U E F A H N A S S U T S U D P
C P R E S S W I N E R A T W G
S M F O R T I F I C A T I O N
A X H U B M I V R N L R A R I
A Z U T E O E N L O Q E U L K
D N T W A G A N G I W T G D C
U I M U N G A M T T I F S S A
A T N I N N A T I A K A A U R
K A Z M D E S O N D T R O S M
A U T O A S T Y T I D I C A H
R Y A O A R P P F X V S O Z O
R I N P E D E K R O C Q E N A
B B P I T K G L R E U C Z T O
```

ACIDITY

AFTERTASTE

BALANCE

CORKED

FERMENTATION

FORTIFICATION

JEROBOAM

LEGS

MAGNUM

MUST

NOSE

OLD WORLD

OXIDATION

PRESS WINE

RACKING

TANNIN

TASTING

TEXTURE

TOASTY

VINTAGE

Bowling

```
H E M A R F S C A V K D I Z C
E H M U G Y R D R E D I L S A
F K N A M R O H C N A A V S P
B A D S G U A B S T R I K E P
R L J M B T G C R E E P E R R
E O L L B B C Q O E S M P D O
A E E A A Q D E A D W O O D A
K G R T B U T L F Y U A R A C
P K C A R R N I P R E P L E H
O U T S I D E L I N E K R I T
I R U L P L G T D N R P R C Q
N O I T C A R A T A U Z R U A
T Q Z H P L R O C U R V E P T
E O V A T G M E A L G H O S R
E D D U A S M H T D T Q X R E
```

ACTION	GUTTER BALL
ADDRESS	HELPER PIN
ANCHOR-MAN	OUTSIDE LINE
APPROACH	PERFECT GAME
BREAKPOINT	RACK
CREEPER	RAILROAD
CURVE	SLIDE
DEAD WOOD	SPARE
DOUBLE	STRIKE
FRAME	TURKEY

Famous Athletes

```
B A E K A L B S E M A J L K S
T Z R R I L A D A M M A H U M
I M I C H A E L J O R D A N B
G O I G G A M I D E O J A C E
E A G C M F K A S R U G O D R
R M I C H A E L J O H N S O N
W B R L A A R T Q F J U L N A
O R H B D R E I B B O O M B R
O Y E A I E L L O B Y Y S U D
D I G B C K V L P N O Y T D L
S P U E L P A E E H J C R G A
N W O R B M I J R W E O Y E G
A Y L U N W W U T S I L N T A
H M E T J O E L O U I S P E T
R S P H J E S S E O W E N S S
```

A.J. FOYT	JOE DIMAGGIO
BABE RUTH	JOE LOUIS
BERNARD LAGAT	LOU GEHRIG
CARL LEWIS	MARION JONES
CY YOUNG	MICHAEL JOHNSON
DON BUDGE	MICHAEL JORDAN
GAIL DEVERS	MICHAEL PHELPS
JAMES BLAKE	MUHAMMAD ALI
JESSE OWENS	TIGER WOODS
JIM BROWN	TY COBB

Marketing Words

```
S L S B S D E C U D E R Y X J
A S T S Q P L V S E T G T I K
L T P I E D U A F V V N G B C
E A O E N N Y S L O O I N A A
D T N P C N S N E R R Z I F B
J E E O Q I O A A P U A K F H
F O E X I U A V T M U M A O S
U F R T C T A L A I I A T R A
Z T F N N I A L O T O C H D C
Y H K U O A T R I F I N T A N
F E S O F W R I I T F V A B T
I A I C T A F A N P Y E E L F
N R R S Z P L L U G S R R E U
R T N I A G R A B G W N B R V
A S G D S A T T R A C T I V E
```

AFFORDABLE	IMPROVED
AMAZING	INNOVATIVE
ATTRACTIVE	INSPIRATIONAL
BARGAIN	REDUCED
BREATHTAKING	RISK FREE
CASH BACK	SALE
DISCOUNT	SENSATIONAL
DYNAMIC	SPECIAL OFFER
EXCITING	STATE OF THE ART
GUARANTEED	TOP QUALITY

Young Creatures

```
K C I H C O W N F R I A R P P
G I F O K E E A E L I D R L X
E R T P R E P S Q F A U I S R
T E N T I M J S O L E C Q I L
I E Z U E G G A N E O K X A D
I V L G G N L B E D F L I E P
A S V W I R H E S G A I A A L
I U E L O P D A T L W N Z M T
E V S H A T C H L I N G I F B
A O K Q P L X R I N R N O V R
G V Y O U R T E N G Y C V L T
L T S T P A G X G M T E H I W
E O E S P A B A P T T O O X A
T A F T Y S T H D L U I V J A
A H I C E E S O A T A A O A S
```

CALF	JOEY
CHICK	KITTEN
CYGNET	LAMB
DUCKLING	NESTLING
EAGLET	NYMPH
FAWN	OWLET
FLEDGLING	PIGLET
FOAL	PUPPY
GOSLING	SQUAB
HATCHLING	TADPOLE

Surfing

```
V T A E H S R J B Y Z C K S J
T E R O H S N O A P A P K Y W
R K A E R B E R O H S A C L G
O C G K Z L P E V D B U A E K
N A E L C S A E E R K R B R S
V B L C R S L N R A R C Y R S
X T N P A K S T T O Y H A A O
U U P R U E L R H B H K L B H
O C Z Y E E R Y E G B S G S O
P H F E V T N I F N G S F L L
S E M A R F A I A O A Y W F L
L A L I A T W O L L A W S R O
B V D L C W A U L E O Z B M W
Z Y P Y A A E R S F T Q C C L
U G J W G A Q Z Z I J A K I Z
```

A-FRAME	LAYBACK
AERIAL	LINE UP
BACKDOOR	LONGBOARD
BARREL	OFFSHORE
CARVE	ONSHORE
CLEAN	OVER THE FALLS
CUTBACK	RE-ENTRY
FLOATER	SHOREBREAK
HEAVY	SPRAY
HOLLOW	SWALLOW TAIL

Successful Swimmers

```
Y E T S V W O H C L A M M O T
J O H N N A B E R A U I J A T
S S U R K A Z E L N O S A J L
H U A C H E V T I S T T A S D
A M A N D A B E A R D Y J V I
U M A R K S P I T Z E H X P A
N E W J O N O L S E N Y S R N
J R U T O M D O L A N M L E A
O S E L A R O M O L B A P G N
R A N N C U R T I S P N J A Y
D N O S P M O H T Y N N E J A
A D A R A T O R R E S L M M D
N E K Y D N A V Y M A E Y O E
E R O W D Y G A I N E S D T F
B S P L E H P L E A H C I M Q
```

AMANDA BEARD	MARK SPITZ
AMY VAN DYKEN	MICHAEL PHELPS
ANN CURTIS	MISTY HYMAN
DARA TORRES	PABLO MORALES
DIANA NYAD	ROWDY GAINES
JANET EVANS	SHAUN JORDAN
JASON LEZAK	SUMMER SANDERS
JENNY THOMPSON	TOM DOLAN
JOHN NABER	TOM JAGER
JON OLSEN	TOM MALCHOW

Working Out

```
C P U M R A W E I G H T S O T
V A E R O B I C J O G G I N G
M Z R E N I A R T S S O R C I
G N I D L I U B Y D O B E A R
E O G N I T N I R P S X V M A
T M C A L O R I E S E B O T T
A W U E L O V O G R J T S R R
R O W I N G M A C H I N E S A
T R K X S P N I S V Y A L T I
R K A R H A S I A C D M G E N
A O A E R E N T T M U F K P I
E U I M B O I M I A S L H P N
H T D I Q O N L Y S E I A E G
K J K P N G L A U G I W L R L
R E P E T I T I O N S A S L Y
```

AEROBIC

BODYBUILDING

CALORIES

CARDIOVASCULAR

CROSS TRAINER

EXERCISE BIKE

GYMNASIUM

HEART RATE

JOGGING

MOTIVATION

REPETITIONS

ROWING MACHINE

SPRINTING

STEPPER

SWEATING

TRAINING

TREADMILL

WARM UP

WEIGHTS

WORKOUT

Entrepreneurs

```
R A L P H L A U R E N P L C Y
E U Z Z R C S O Z E B F F E J
I J P A M Y L B Y Y U M T G S
G E Y E A U R E N R U T D E T
E R Y E R F N I W H A R P O E
N R E H T T Z R Q K A I R R V
R Y S C H C M R A Y C E Z G E
A J A I A J P U K B P A K E J
C O C R S P I R R S T Y J L O
W N E C T T O M S D V P Z U B
E E V R E C W O C P O I A C S
R S E A W E R E M L J C E A A
D R T M A R Y K A Y A S H S L
N I S N R E L L I D Y R R A B
A W A L T D I S N E Y A K Y L
```

ANDREW CARNEGIE	OPRAH WINFREY
BARRY DILLER	P. T. BARNUM
GEORGE LUCAS	RALPH LAUREN
JACK WELCH	RAY KROC
JEFF BEZOS	ROSS PEROT
JERRY JONES	RUPERT MURDOCH
JIM CLARK	STEVE CASE
MARC RICH	STEVE JOBS
MARTHA STEWART	TED TURNER
MARY KAY ASH	WALT DISNEY

Refreshing Drinks

```
D O A D O S M A E R C T P S R
S U M E E C I U J E L P P A M
I E I H T O O M S A N A N A B
Y C O C K T A I L F R R L B M
E T E A E S S S S K K T C I U
C A E D T D S A L I S X N S R
I O F L T E M I F H K T S A R
U L F N O E N O A K S C A S E
J F O R R G A K C L A Z N S Z
E N C B W Q E L U H O E G N T
G O R A N G E S O D A L R S I
N M T S U S H C R C E U I B R
A E I H T O O M S O G N A M P
R L I M E S O D A J O N B D S
O O E D A N O M E L S W A E P
```

APPLE JUICE	LEMONADE
BANANA SMOOTHIE	LIME SODA
BREAKFAST TEA	MALT SHAKE
COCKTAIL	MANGO SMOOTHIE
COFFEE	MINT SLUSH
COLA	ORANGE JUICE
CREAM SODA	ORANGE SODA
ICED MOCHA	SANGRIA
ICED TEA	SPARKLING WATER
LEMON FLOAT	SPRITZER

Working With Wood

```
L K A I T I T O H A N B D W S
L E R E S O N R J L E W O D X
I P S A M T W R F M B H O T A
H S P H B A N D S A W B W J R
S R M Y S T A O B T R Q D K I
S R O T A R Y P L A N E R T W
U O E N A L P K C O L B A A M
K R F G G E R E C N R O H V L
F C C T Z T A H T I N O N E T
M P U R W N Y I C A R V I N G
G E P H D O V I Q R N O O E A
T C P B C O O H P G T I B E W
P L I N S E E D O I L S M R S
X T N I O J R E G N I F O A A
E E G N I H L U X H T L P O L
```

ARBOR

BAND SAW

BARK

BLOCK PLANE

BRACE AND BIT

CARVING

CHUCK

CUPPING

DOWEL

FINGER JOINT

FRET SAW

GRAIN

HARDWOOD

HINGE

LAMINATE

LINSEED OIL

ROTARY PLANER

SOFTWOOD

TENON

VENEER

San Jose Sharks

```
A  I  N  R  O  F  I  L  A  C  S  I  X  A  O
K  J  E  F  F  O  D  G  E  R  S  D  K  S  P
E  L  Y  O  B  N  A  D  T  Y  E  O  N  Y  F
L  Y  Y  E  J  A  R  F  L  A  K  U  A  V  G
G  E  E  J  C  O  S  P  U  N  A  G  T  O  O
N  L  R  K  O  A  E  O  R  E  L  W  K  N  W
O  T  R  G  C  E  L  T  L  C  B  I  R  O  E
I  A  E  R  V  O  P  A  H  L  B  L  A  I  N
L  E  B  G  P  T  H  A  P  O  O  S  H  R  N
I  H  O  B  V  T  S  E  V  W  R  O  S  A  O
V  Y  B  H  Z  O  R  A  C  E  O  N  K  L  L
A  N  T  T  I  N  I  E  M  I  L  C  T  R  A
P  A  C  I  F  I  C  D  I  V  I  S  I  O  N
P  D  S  N  I  K  S  U  H  T  N  E  K  G  N
H  T  Z  R  J  R  I  C  C  I  R  E  K  I  M
```

ANTTI NIEMI	JEFF ODGERS
BOB ERREY	JOE PAVELSKI
CALIFORNIA	JOE THORNTON
COW PALACE	KENT HUSKINS
DAN BOYLE	MIKE RICCI
DANY HEATLEY	OWEN NOLAN
DOUG WILSON	PACIFIC DIVISION
HP PAVILION	ROB BLAKE
ICE HOCKEY	RYANE CLOWE
IGOR LARIONOV	SHARK TANK

Game, Set And Match

```
L I S I D T N I O P H C T A M
E R D G M O G R A N D S L A M
F S N R Y H E R L N X I U Q U
G R A L L S E S I T N Q A C B
R U H H L P G P R E A I F R V
D S E M A O S R J W D I E O Q
S W R P R R V U L E A A L S X
P S O E E D D E U Z K L B S H
S E F D C G N C L P E Q U C A
S E N H E E E A O Y N K O O U
T U R K R P I I H U O B D U K
T O P S P I N V Q K R R C R X
A D V A N T A G E X C T A T U
F E R E T P W U S R A A S S J
E S E R V E N I L E S A B Y I
```

ADVANTAGE	HARD COURT
BACKHAND	LINE JUDGE
BASELINE	LOVE
BREAK POINT	MATCH POINT
CROSS-COURT	RALLY
DEUCE	RECEIVER
DOUBLE FAULT	SERVE
DROP SHOT	TOPSPIN
FOREHAND	UNDERSPIN
GRAND SLAM	VOLLEY

Vegas Hotels

```
B L O G N I M A L F N L T A R
O S L U X O R O U D B H N L R
U T R E S A H A R A E A C C U
L H A R L J M B L P C I A L B
P E C A L A P L A I R E P M I
V M E R Y G Y L P C S H E A L
L I T A O S A O U A T N R H A
S R N D T Z R S R K C E A M C
U A O V Z T C S J O I Y H G X
Q G M O A I P E R V N A W M E
B E E D R A I E I T R I T G U
M C K C L I B R X R T T S R F
T T U A Y A B Y A L A D N A M
H S C U K C A H O J X I O N C
R E R E H P S O T A R T S D L
```

BALLY'S	MANDALAY BAY
CAESARS PALACE	MGM GRAND
CASINO ROYALE	MONTE CARLO
CIRCUS CIRCUS	RIVIERA
ENCORE	SAHARA
EXCALIBUR	STRATOSPHERE
FLAMINGO	THE MIRAGE
HARRAH'S	THE PALAZZO
IMPERIAL PALACE	TROPICANA
LUXOR	VDARA

A Lot Of Nuts

```
D W O C F W J I T F A T A R C
Q M T T U N H C E E B D F S R
P K T U N T S E H C M D G S T
U I O N N R U O P E A N U T T
P H L L U Y O N C O C O N U T
V E R I A J R C A B A M X K S
C Y C Z N N O O A Y D L T Y O
M T T A A U U I K X A A S M C
R A T R N W T T H C M M A A X
S S I B M D A O W C I T A F N
X C T R E B L I F A A H S A Q
K A Q T H A Z E L N U T R P A
C A S H E W A L N U T S S P X
Q O P S V K S D O U E V X I P
H S R E P I N E N U T S H E P
```

ACORN	HICKORY NUT
ALMOND	KOLA NUT
BEECHNUT	MACADAMIA
BRAZILNUT	MAYA NUT
CANDLENUT	PEANUT
CASHEW	PECAN
CHESTNUT	PILI NUT
COCONUT	PINE NUT
FILBERT	PISTACHIO
HAZELNUT	WALNUT

On Your Feet

```
E R H A M S P R I N T I N G I
T S Q U A R K F D R L L R E E
H H I R R Q E I I E H E U T I
O Z I C U D G P P J G A N U B
C S G K R B L N Q P N P N P A
E A N P I E A I I B I I I T Y
U H I T J N X I N C D N N R J
T O B U H S G E E G N G G A I
E P M U J G N O L N A A A N A
J P I J R N I H R I T S D H T
I I L O S I G R H D S C B S Y
S N C I J K G T P N W E O P R
G G O C P L O I S U I N F B W
N F V V I A J F Q O I D S S V
E S Q P Y W L S R B B B G I K
```

ARISE	JOGGING
ASCEND	LEAPING
BOUNDING	LONG JUMP
CLIMBING	RUNNING
DANCING	SKIPPING
EXERCISE	SPRINTING
GET UP	STANDING
HIKING	TRIPLE JUMP
HOPPING	UPRIGHT
HURDLING	WALKING

Cosmetics

```
S F T L X L V B R O N Z E R G
L C A E D C O B S N C R P R Y
K W N X Y D T A B L U S H E R
E J T L Y E U R E U A Y W E B
Y I I W R E L A E Y G R X L P
E S A K R E N I L D I U Q I L
S S G Y V S V H N N W R T P L
H O I M E E T O K E Q O B S E
A L N R I S A L M X R A P T G
D G G S E Y E C R E A M T I R
O P C O N C E A L E R Y D C E
W I R A R A C S A M R T T K W
O L E E N O I T A D N U O F O
M L A B P I L P O P V R F P H
O M M O I S T U R I Z E R X S
```

ANTI-AGING CREAM	LIP BALM
BLUSHER	LIP GLOSS
BODY WASH	LIPSTICK
BRONZER	LIQUID LINER
CLEANSER	MASCARA
CONCEALER	MOISTURIZER
EYE CREAM	POWDER
EYELINER	SHOWER GEL
EYESHADOW	SPOT REMOVER
FOUNDATION	WRINKLE CREAM

The Windy City

```
S T A T E S T R E E T R V U R
T E W I L L I S T O W E R P C
T H I A I E L J O H Y W D U H
H A A R M E L U H T T O L Q I
E N A T T H I A A O N T E F C
B C C I N W N P R I U E I I A
E O L N E S O O E R O S F E G
A C O S C I I O A E C A R L O
N K U T I R S L I I K H E D L
Z C D I F R C E R P O C I M A
F E G T I E S H P Y O A D U N
T N A U N F Y T O V C I L S D
I T T T G R O B R A H L O E S
R E E E A J O E T N A P S U D
K R A P M U I N N E L L I M R
```

ART INSTITUTE

CHASE TOWER

CHICAGOLAND

CLOUD GATE

COOK COUNTY

CULTURAL CENTER

FERRIS WHEEL

FIELD MUSEUM

HANCOCK CENTER

HARBOR

ILLINOIS

MAGNIFICENT MILE

MILLENNIUM PARK

NAVY PIER

O'HARE AIRPORT

SOLDIER FIELD

STATE STREET

THE BEAN

THE LOOP

WILLIS TOWER

Reality TV

```
C I T A M A R D L O S G Q R T
T L N H Y C O U D N U F T C D
P H E S E G D U J T R E P X E
R T E T N B Z S D W V A A L R
A E H A O N A L I M I R W E U
V U H E M H E C P A V F S S T
E T D T R A E W H D O A E B C
R H A I O E Z S S E R C F R A
A E N S E R A I I T L T I A F
G H C R V P B L N D A O W T U
E I E M O S M G W G A R R C N
J L W T L O L E I O R R S A A
O L A P R K N W R B R A A M M
E S R U O C H S A R C L C P R
S E M A F T N A T S N I D E X
```

AVERAGE JOE	MADE
BIG BROTHER	MANUFACTURED
BRAT CAMP	NEW STARS
CRASH COURSE	PARADISE HOTEL
DANCE WAR	SURVIVOR
DRAMATIC	THE AMAZING RACE
EXPERT JUDGES	THE BACHELOR
FEAR FACTOR	THE HILLS
FOR LOVE OR MONEY	THE REAL WORLD
INSTANT FAME	WIFE SWAP

Trucks

```
D R F P K O A B V T E R X U A
L E N A P E X O E G A B R A G
M I B I Y Q I X F L D R E N E
O R O T C A R T T S A L L A B
T R O S A E P R R C O T U V B
O A S T K L R U V U O A A I I
R C N L A C F C K W C P H N T
H G Y K E R U K T C L K Y I P
O O P A T E E R E A I H V M C
M L M R N R U G T R N P A M S
E T U Q E C U F I E T R E U D
U R D F K I O C N R N L H L V
F I R E T R U C K N F A S L T
P X S E M I T R A I L E R S Y
K U D R Q W B T A N K E R C Y
```

BALLAST TRACTOR	MINIVAN
BOX TRUCK	MOTORHOME
CRANE TRUCK	PANEL
DUMP	PICKUP
FIRETRUCK	PLATFORM
FLATBED	REFRIGERATOR
GARBAGE	SEMI-TRAILER
HEAVY HAULER	TANK TRUCK
KEI TRUCK	TANKER
LOG CARRIER	TOW TRUCK

Famous Bills

```
R R S E S G T G T W R A Z M J
L E S L H L A I Y T A D T L O
T S T A F T J M P U U B U Z U
K Y T T E O A O Y M T W C W G
M R B S S N B N G H R U T P S
W X A Y B S O R C S U I T F K
M W O R D S W O R T H B E F A
B A O C S A T E E M U R R A Y
P C H A M P I O N K R H N U H
A N L E R J S M K E A M U R G
L W P I R C U L L E N L D Y I
P S E P N R K L U E J N B A N
U D A I A T A V A H O W E X G
S A E Z R S O Q F C A J H P Q
I Y P A X T O N O F B U I Y D
```

BLAKE	JOEL
CHAMPION	MAHER
CLINTON	MONROE
CROSBY	MURRAY
CRYSTAL	NIGHY
CULLEN	PAXTON
FAULKNER	PENN
FERRELL	TAFT
GATES	WORDSWORTH
HURT	WYMAN

World Of Insects

```
T C S G G E R K K I D M I Q X
C R I J S R C H I T I N O U S
O U S X O U W G W H V A T T M
M E O N T I Z E K E E N T F H
P O H O O A N T R A R T R W C
O E P J D T R T H D S E O H T
U A R B I P E D E O E N I P K
N B O J U B D L T D R N F P A
D D M P R T E W E R L A P X F
E O A A A X T C A K S E X X M
Y M T M N S P E L S S A G E S
E E E Y A R T H R O P O D S M
S N M E T H G I L F X A X A O
E P B E O G G N I T L O M E A
H A F J R Z B E F K T Y P R N
```

ABDOMEN	HEAD
ANTENNAE	INVERTEBRATES
ARTHROPOD	JOINTED LEGS
BUTTERFLY	METAMORPHOSIS
CHITINOUS	MOLTING
COMPOUND EYES	MOTH
DIVERSE	NYMPH
EGGS	PUPA
EXOSKELETON	THORAX
FLIGHT	WASP

Airplanes

```
J  I  T  J  X  E  E  H  S  N  A  B  O  G  Q
Y  P  R  E  K  N  A  L  F  U  R  Y  I  X  S
J  R  M  F  J  O  S  T  U  R  U  A  R  L  G
B  R  E  B  M  O  B  H  T  L  A  E  T  S  E
H  K  T  D  O  Z  T  D  E  M  O  N  B  E  Z
J  W  R  A  I  D  R  A  G  O  N  F  L  Y  N
C  A  O  A  E  R  R  H  R  N  U  E  A  A  K
K  H  L  S  H  J  E  F  W  T  O  M  C  A  T
U  D  I  R  E  S  M  V  O  A  S  X  K  L  E
U  E  N  T  B  U  R  R  A  S  J  C  H  I  N
G  E  E  I  R  S  N  E  O  W  G  J  A  T  R
P  P  R  C  A  A  Z  L  G  T  V  Z  W  R  O
K  S  L  B  D  G  T  D  A  I  P  L  K  D  H
E  U  A  O  Z  E  L  O  S  T  T  A  O  Y  W
F  U  T  B  H  P  K  A  M  C  O  B  R  A  R
```

BANSHEE	METROLINER
BLACKHAWK	PEGASUS
COBRA	RAPTOR
DEMON	SPEEDHAWK
DRAGONFLY	STEALTH BOMBER
FLANKER	STRATOJET
FULCRUM	TIGERSHARK
FURY	TOMCAT
HORNET	TORNADO
LEARJET	WAVERIDER

Homophones

```
R P S S S F T J P T H I O A S
V S J T P B T I T W I C G G D
M V F S R U J W W H C T I W O
K S O L O P C L F I O L G H O
V B P A L O U D E A U H V T W
V F S X A M Y B E A R U A S M
R A Q R Z R R R O L S M K D Y
T I S A T P T S S A E L U O J
I E F H R X Q Y L D C A Z E A
U V H O W O U L D A I D W A T
U D F P R X O L W D U E L G A
T I D R O W E R O F L M R E E
T A W L E R A A A D Q E R A R
E O D D P T P R Q Y Z A P I B
P R R T S L A U D R K N D Q U
```

ALLOWED	JEWEL
ALOUD	JOULE
BARE	MEDAL
BEAR	MEDDLE
COARSE	PROFIT
COURSE	PROPHET
DUAL	WHICH
DUEL	WITCH
FOREWORD	WOOD
FORWARD	WOULD

Presidents

```
I  J  S  T  T  V  T  L  O  E  P  S  I  R  R
S  U  R  S  W  U  C  Y  U  O  H  O  T  L  C
C  B  U  T  I  V  R  S  L  D  U  D  S  R  H
Z  N  O  S  L  I  W  K  A  E  P  T  R  N  R
E  O  B  N  A  E  J  T  D  S  R  V  N  O  I
N  A  A  O  M  R  V  B  A  U  L  N  A  S  F
T  S  M  S  T  E  C  E  M  Y  H  I  G  I  N
C  A  A  K  E  W  M  A  S  T  L  X  A  D  H
R  X  H  C  X  O  N  O  R  O  F  O  E  A  A
P  T  W  A  S  H  I  N  G  T  O  N  R  M  R
S  J  V  J  K  N  T  V  V  Y  E  R  L  L  D
T  J  E  F  F  E  R  S  O  N  I  R  O  P  I
E  I  R  T  R  S  L  I  Y  S  V  Y  R  O  N
S  U  T  C  L  I  N  T  O  N  D  O  U  P  G
Q  U  L  Y  S  E  I  N  O  N  K  L  L  U  S
```

ADAMS	NIXON
CARTER	OBAMA
CLINTON	POLK
EISENHOWER	REAGAN
FORD	ROOSEVELT
HARDING	TAYLOR
HARRISON	TRUMAN
JACKSON	TYLER
JEFFERSON	WASHINGTON
MADISON	WILSON

Astronomy

```
O C C U L T A T I O N T E R V
G O H A U N M S M E B R F C L
Q N N R N C S E S P I L C E E
Q J O O O O O T T C R T M S I
Q U O O I M R M B E O L A R E
K N M O T T O O A W O S G A P
C C L R A R A S C R T R N P O
R T L T L A A R P E O L I C C
V I U C L L O N R H L R T T S
T O F L E B N O S E E U U C E
E N E O T E I M M I B R D A L
W S S U S D B A A H T A E Q E
K S I D N O I T E R C C A T T
E Y J S O L A R S Y S T E M P
J E C L C S E X W Y C U S I E
```

ABERRATION	ECLIPSE
ACCRETION DISK	FULL MOON
ALBEDO	MAGNITUDE
ASTEROID	METEORITE
AURORA	OCCULTATION
CHROMOSPHERE	OORT CLOUD
COMA	PARSEC
CONJUNCTION	SOLAR SYSTEM
CONSTELLATION	TELESCOPE
CORONA	TRANSIT

Cereals

```
A F M R K R S N B O A R W Z T
E L J L S T P S A G C H E D E
T E L L I M Q T E R E Z C B A
Z N K R O U S N O A B A A E W
R D S S I A I P T S M R E G A
O O O N N M S L T S L R I A U
T C O O R I E C J E S S J C S
G A R L F N A O Y S M R P H E
N R E S H E P R I N U C F K Y
I P O E J R L N G I H L Y G T
T S E V R A H P G M G X A S R
L A L I P L A V A A R B B R O
A Z J I O S A I R T O P P N L
M S H D O U R P G I S K A J M
D L S E I R F R L V A O O G L
```

BARLEY	MILLET
BRAN	MINERALS
CORN	OATS
CROPS	OILS
ENDOCARP	QUINOA
GERM	RICE
GRAINS	SORGHUM
GRASSES	STAPLE FOOD
HARVEST	VITAMINS
MALTING	WHEAT

Dams

```
R N B Y C X S S T V I J C A M
E E L N W O R B C V A R G I S
V S U L H M F O X D S J K F I
O W E Y E O O H A R T W E L L
O P R D A L R L L E U A E R A
H M I I I W E S B I G B E N D
D N D D G H G R E E N L A K E
A O G O O H I D N S A D A C I
H E E L A B T U I O H W A O P
T E L B Z A R P F R U O G R S
D O M L L E T R A S D R E W E
W F O N T A N A L T A S S O L
I L L I H K R A L C M H O R L
Y P A R K E R T S N T A U R I
S X Z H T S R E T Y S K N A G
```

ALBENI FALLS	GILLESPIE
ARROWROCK	GREEN LAKE
BIG BEND	HARTWELL
BLUE RIDGE	HOOVER
BROWNLEE	HORSESHOE
CLARK HILL	MEDINA
COOLIDGE	PARKER
DALE HOLLOW	RIDGWAY
DWORSHAK	SARTELL
FONTANA	WRIGHT PATMAN

In The Mail

```
T E S J F C S I L E T T E R E
U Z R N J D X S E E R P Q S E
H L I R O O H O S T A M P H Z
C S N A P I U D B C X F O Q L
P X C E P A T R K L U W L E V
S M K P W T R A N C I G B E U
T U I O S S G C M A N A S I T
Z N J L S E P Y E R L B M U R
G M S E E N B A A L O Y L L E
Z S A V R I H D P V J F B K V
M V L N D Z X H A E F F N R D
A H S E D A C T T P R I T I A
P O S T A G E R E K P J K L J
S A A R L A C I D O I R E P I
L S K A E M P B M T A U P U T
```

ADDRESS	MAGAZINE
ADVERT	MAILBOX
BIRTHDAY CARD	NEWSPAPER
ENVELOPE	PACKAGE
INFORMATION	PARCEL
JIFFY BAG	PERIODICAL
JOURNAL	POSTAGE
LABEL	SHIPPING
LEAFLET	SPAM
LETTER	STAMP

Star Trek

```
H T J J W T Y T T O C S R K R
X V E N A O R F T I I H U N P
F R A O A M R V K S F H P L M
V H N I B H E F V P Y S S W U
R Z L T S O B S F O T W I A E
E X U A T B N V T C Y L U V S
N E C R A T E E J K L A O L P
T Q P E R A D R S I I Q G U P
E B I N S V D X A D I R Z E R
R N C E H I O M E C U S K A R
P W A G I O R T A N N A E D P
R F R T P I E T A D R A T S K
I T D X K I N A C L U V E A E
S C I E N C E F I C T I O N D
E G R N N O G N I L K B F E U
```

BONES	SCIENCE FICTION
DATA	SCOTTY
DEANNA TROI	SPOCK
ENTERPRISE	STARDATE
EZRI DAX	STARSHIP
GENE RODDENBERRY	SULU
JAMES T. KIRK	VOYAGER
JEAN-LUC PICARD	VULCAN
KLINGON	WILLIAM RIKER
NEXT GENERATION	WORF

Puzzles

```
D E K R M D R O C O O S Y P R
D O G I E O R U K A K E A Z O
L B T M L D R O W E D O C A U
B V W T B L D D W H A N J I E
R R O W O S E A P S N I L U Z
I E R A R D J R L A S M W O A
D B D O P E O D S D K O F I M
G A S N C U K T B U R D R O S
E K E I I Q N A E D D O Z C Q
S I A M G F N Z W T D O W O I
A R R O O O H H C A U A K R R
C U C L L P E T W J Y P M U Y
X N H L A E E R A S S E E B X
Y A J I L I N Q X P A H H A I
Z G S F T O R A A E M O L N G
```

BRIDGES	LOGIC PROBLEM
CODEWORD	MASYU
CROSSWORD	MAZE
DOMINOES	NURIKABE
DOT-TO-DOT	PATHFINDER
FILLOMINO	SUDOKU X
HANJIE	WORD LADDER
HEYAWAKE	WORD WHEEL
KAKURO	WORDSEARCH
KILLER SUDOKU	YAJILIN

```
W Y D T X A D E M O R D N A S
Y G A L A X I E S E V T R R F
N M S W H I T E D W A R F D E
C E Y G Y N M D V I R C I S F
C L U G D K W J U E I A A T E
R O U T R A L P L T A E E D Q
N H C S R E R I Z M B E X B R
Q K L F T O N K M A L C O N S
V C A C S E N E M P E O P Q C
S A G M E J R S K A S M L U R
D L C D E R O S T R T E A A A
A B E U S T A R S A A T N S H
R A S L U P E A W A R D E A A
W D J S U M O O N S R A T R D
U S I U A V O N R E P U S V S
```

ANDROMEDA	MOONS
BLACK HOLE	NEUTRON STAR
CLUSTERS	PULSAR
COMET	QUASAR
DARK ENERGY	RED DWARF
DARK MATTER	STARS
EXOPLANETS	SUPERNOVA
GALAXIES	VACUUM
METEOR	VARIABLE STAR
MILKY WAY	WHITE DWARF

Candy

```
T T A L X Y D N A C K C O R L
A H S G U M M I E S A H P A P
M G C O L A B O T T L E S B E
F I Z Z Y C A N D Y P W U E S
R L L O L L Y P O P A Y S K P
E E I K S K Y M E M N T E A E
S D G E C A F R Z O I O N C A
H H R U C H M Y C C S F A S R
M S A R M I O P K J E F C Z M
I I B D N B R C N T E E Y Q I
N K E T V R A O O C D E D L N
T R G W C N U L C L B R N A T
S U D N D G D A L I A V A I S
M T U Y A U R J L S L T C R P
V S F T S N A E B Y L L E J A
```

ANISEED BALL

CAKE BAR

CANDY CANES

CHEWY TOFFEE

COLA BOTTLES

FIZZY CANDY

FRESHMINTS

FUDGE BAR

GUMBALLS

GUMMIES

JELLY BEANS

LICORICE

LOLLYPOP

MILK CHOCOLATE

NOUGAT

PEPPERMINT GUM

ROCK CANDY

SPEARMINTS

STICK CANDY

TURKISH DELIGHT

Soccer Teams

```
S E A T T L E S O U N D E R S
L K Y X A E J C Z I C S R K D
I A X C E A Z A N U A F Q R I
V L A Z I O R T N L C E C R P
E T L S E S E I L B N O F R A
R L A R E R T A A Y L A L D R
P A G N M E D R R U S A U I O
O S A I D C C E M Z A G S R D
O L L U F E D B X I U A G D A
L A U A L B U N A L I M C A R
N E H O U S T O N D Y N A M O
Y R N L C F O T N O R O T L L
L A L R T C H I V A S U S A O
F S E R I F O G A C I H C E C
R W O U S U T N E V U J P R G
```

A.C. MILAN	INTER MILAN
ARSENAL	JUVENTUS
CHICAGO FIRE	LA GALAXY
CHIVAS USA	LAZIO
COLORADO RAPIDS	LIVERPOOL
COLUMBUS CREW	NY RED BULLS
D.C. UNITED	REAL MADRID
FC BARCELONA	REAL SALT LAKE
FC DALLAS	SEATTLE SOUNDERS
HOUSTON DYNAMO	TORONTO FC

Amusement Park Rides

```
E Q T R E G U N O I P R O C S
N F D X N E F S G D O E Q P T
T P R T S K Y S W A T T S I S
E O O E I P Z R D R O S E H R
R R P N E R S Q E K H A D S F
P D T P I F T B S R S O I E R
R A O R L A A O L I G C R T I
I G W O O E R L A D N R G A S
S E E D V I T T L E I E N R B
E M R N S E K O R S L L I I E
W U S O A R L A W O S L W P E
Q V A C A U T H F E R O S U I
V T U M B L E B U G R R N O B
C P W S V E D I R G O L O N U
S M I A L A B D V B X L C H S
```

CONDOR

DARK RIDES

DROP TOWERS

ENTERPRISE

FERRIS WHEEL

FREEFALL

FRISBEE

HORROR TRAIN

LOG RIDE

MEGADROP

PIRATE SHIP

ROLLER COASTER

SCORPION

SKY SWAT

SLINGSHOT

SWING RIDES

TEACUPS

TOPPLE TOWER

TROIKA

TUMBLE BUG

Hobbies

```
P P O S T C A R D S G B T V L
O X H I A S T R O N O M Y I T
K S P O R T A R I B A V H W H
E G N I T U H C A R A P A O C
R O S T B O N G R V O D R P O
U Y E B I A G D J T E S G O I
T O M R D Y D R Q S E L N E N
P L A Y I N G C A R D S I E S
L B G L O L D A I P S O T N C
U S O B U J T D O M H N T Q G
C T E B X P I I U M S Y I J R
S A D W I N D S U R F I N G N
N M I U G N I T N I A P K T U
E P V J R C R E F Z T Q U Y Z
P S Y I T W L T R Z J C Q C B
```

ASTRONOMY	PHOTOGRAPHY
BADGES	PLAYING CARDS
COINS	POKER
DANCING	POSTCARDS
HORSE RIDING	SCULPTURE
KNITTING	SPORT
MUSIC	STAMPS
PAINTING	TRAVELING
PARACHUTING	VIDEO GAMES
PENS	WINDSURFING

Wilderness Areas

```
T K O A W D K R J R E S H D A
S D E B A V A L K R Q R T E H
A T Y E S P I S H L L H A N A
A U T A R F Q P A C E L G A E
A I X T T C F V W L B T A L H
N A F T S U T I L I X T S I C
E O G U L F I S L A N D S E E
P H K H O T C L O C E L I D W
O Q R O U A I L D L N Y Z H T
Y X O C N E E D L E S E Y E A
T G R Y S N N I S E S B V O M
V R O B L S I E L T O R O A A
V N A G U A T I B I A O A B R
V Y K S F A E R D N A O U T A
R R Z I K Z C I B H L K A A C
```

AGASSIZ	HELLS CANYON
AGUA TIBIA	INNOKO
ANDREAFSKY	LAVA BEDS
BILLIES BAY	LOST CREEK
CHEAHA	LYE BROOK
COHUTTA	NEEDLE'S EYE
DENALI	RAVEN CLIFFS
EAGLE CAP	SIPSEY
EL TORO	TAMARAC
GULF ISLANDS	WEST ELK

Choreographers

```
L M A J A C K C O L E P P B A
I D D M L O H A Y N A H S O B
S N A V E L L I B M P A C B A
A E S J E A N B U T L E R A N
B R U N O T O N I O L I A V I
I E N O S B O R E D A W J I N
N D T T I N A L A N D O N A N
O A O L T B O B F O S S E N A
T Y G I N G E R R O G E R S E
L A B A L O I E F U L L E R I
A M V E Y E R U N F L O D U R
Y E L U D B A A L U A P P I R
R F S M X Y E L I A N I V L A
U N A C N U D A R O D A S I C
U N A M D O O G N E L T T S U
```

ALVIN AILEY	JACK COLE
BILL EVANS	JEAN BUTLER
BOB AVIAN	LEN GOODMAN
BOB FOSSE	LOIE FULLER
BRIAN FRIEDMAN	MAYA DEREN
BRUNO TONIOLI	PAULA ABDUL
CARRIE ANN INABA	RUDOLF NUREYEV
GINGER ROGERS	TINA LANDON
HANYA HOLM	TONI BASIL
ISADORA DUNCAN	WADE ROBSON

Star Wars

```
Q U R U K O O D T N U O C K E
L U A M H T R A D B B A G C N
R U M A R K H A M I L L A L I
D E K F C Z R E W V I N L O T
A F D E V K O A W L E U A N A
R O S A S C N Y L M T U C E P
T R S I V K R U M E R D T W L
H C D I E H Y O I E U N I A A
S E I N X U T W Z A E Q C R P
I Y O D A N L R A K G J E S C
D B R O A C L I A L E T M R G
I Y D H I I Q Z O D K S P R P
O Q P D Y E F R I S S E I I H
U U I L I G H T S A B E R T A
S V O S A C U L E G R O E G H
```

CLONE WARS	JEDI
COUNT DOOKU	LIGHTSABER
DARK SIDE	LUKE SKYWALKER
DARTH MAUL	MARK HAMILL
DARTH SIDIOUS	OBI-WAN KENOBI
DARTH VADER	PALPATINE
DROIDS	PHANTOM MENACE
FORCE	PREQUEL
GALACTIC EMPIRE	SITH
GEORGE LUCAS	YODA

Screen Cowboys

```
X M E T T S J N E L L A X E R
R L J F C G E N E A U T R Y E
E S O W S L L I W L L I H C L
T N S E I Y I E V M L B A Z E
T O I E N L E N N U T A J A E
I N T V N Y L R T N B S B H T
R N O S E R A I A W F O Y O S
X A T L B D A W A C A O G I B
E B A E Y K Y S N M Y L R G O
T M H J O A O D E H B R K D B
O I C L A Y T O N M O O R E V
M J D R O C A T R A A J Y A R
M S L N T L O H K C A J A D H
I A Q A I Y R R A B E N E G X
X T S S N N A R O F K C I D L
```

ANDY DEVINE	GLENN FORD
ART ACORD	HARRY CAREY
BOB ALLEN	JACK HOLT
BOB STEELE	JAMES ARNESS
CHILL WILLS	JIM BANNON
CLAYTON MOORE	JOHN WAYNE
CLINT WALKER	REX ALLEN
DICK FORAN	TEX RITTER
GENE AUTRY	TOM MIX
GENE BARRY	WILLIAM BOYD

```
B U N L L A F N I A R J T B K
V N Y H K E L G N U J V B I J
A D D X T A O S F R P I E K Y
S E Y R L W O P L S O M W T Q
T R P P I S O O A D E T G Q J
J S O F Z J S R I R S D R I B
C T N L A A T V G H D X S G I
L O A O R U E E R R W S E B L
U R C L D R N U M E E J K A E
H Y A Y S T B A T P L D A X A
A L Z I L L O X Y G E N N T V
O A T A A R O L F F O R S U E
U Y Y Y T R O H J A G U A R S
A E E Q L P L A C I P O R T P
R R O O L F T S E R O F R L E
```

BIODIVERSITY	LEOPARDS
BIRDS	LIZARDS
CANOPY	OXYGEN
EMERGENT LAYER	RAINFALL
FAUNA	SHRUB LAYER
FLORA	SNAKES
FOREST FLOOR	TEMPERATE
JAGUARS	TROPICAL
JUNGLE	UNDERGROWTH
LEAVES	UNDERSTORY LAYER

Famous Chefs

```
B O B B Y F L A Y R F Q H T R
L R R F P E R B R I E S O T D
R E T T O R T E I L R A H C L
O W G J C N C N N A R T H D I
O T M O U A A W A T A O O W H
P O I S R N T O Y A N D E R C
A D N E T D C R N B A D Y A A
K D G A I P O B I O D E A C I
V G T N S O R N T I R N I H L
E R S D S I A O R R I G C A U
E A A R T N S T A A A L I E J
J Y I E O T L L M M M I R L F
N N S S N Q Z A M J Y S T R Q
A J A M E S B E A R D H A A W
S A R A M O U L T O N C P Y J
```

ALTON BROWN	JULIA CHILD
BOBBY FLAY	MARIO BATALI
CAT CORA	MARTIN YAN
CHARLIE TROTTER	MING TSAI
CURTIS STONE	PATRICIA YEO
FERNAND POINT	RACHAEL RAY
FERRAN ADRIA	SANJEEV KAPOOR
GORDON RAMSAY	SARA MOULTON
JAMES BEARD	TODD ENGLISH
JOSE ANDRES	TODD GRAY

At The Circus

```
U S Q O L O X G B C I I U W O
T R I C K S V Z F M F N Y R Z
C O N T O R T I O N I S T E T
I P B I G T O P U C R A F H R
R E A L T E N Z Y U E E A C A
C W J L B C M C E R B C E T P
U A S U Z A L I I F R S T A E
S L O S G E L A M O E R T C Z
R K G I E G L A B O A D L L E
I E N O E F L A N C T L S O S
N R I N L T T E T C H N Q W A
G D G I R M W I R A I L A N F
V I G S Q W O C D R N N H P D
O H I T G N I R A D G A G O E
T X R F S L A M I N A U R E Q
```

ACROBAT	DARING
AERIAL FLIGHT	FIRE BREATHING
ANIMALS	ILLUSIONIST
ATTRACTIONS	JUGGLER
BALANCING	PANTOMIME
BIG TOP	RIGGING
CATCHER	ROPE WALKER
CIRCUS RING	TRAPEZE
CLOWN	TRICKS
CONTORTIONIST	UNICYCLE

In The Army

```
R S M F V Z X C T T R X T K S
G A E M A J O R N D R F M M S
L Q T O C U T R A I N I N G P
E A H C R R G P N S A P O E T
A S D A A E E P E C E F I N O
D R G E L P H Z T I C A S E Y
E E M A D C T I U P N I S R T
R I T Y S I V A E L E R I A Y
S D A S R E C S I I D Q M L R
H L Z C D E E A L N I U L O E
I O L U C R S M T E F Q L S V
P S T D V L E E S I N O Z E A
L Y M I L I T A R Y O N E E R
B L C P M P E K I V C N S K B
L E N O L O C N F X E D A R G
```

ACTIVE DUTY   GENERAL

ARMY RESERVE   GRADE

BRAVERY   HEROES

CAPTAIN   LEADERSHIP

COLONEL   MAJOR

CONFIDENCE   MILITARY

COURAGE   MISSION

DEDICATION   SERVICE

DISCIPLINE   SOLDIERS

FIRST LIEUTENANT   TRAINING

Geographical Features

```
A E T A R R T C P W S L L E A
B E G N R E I P J G Q W V P A
W F N D O S B E O W S R D V X
F H P F I E D A L P E R I V M
X A A N I R A M U S K A G T P
S R R R A V B C E A D I Y A U
M B K H F O L R Q U X L B A R
F O C M Z I E U C Z O W Y T H
A R R R F R E T A W K A E R B
O Q F F U D L M U U W Y U O L
Z P Y T U N N E L E A U C P G
H Z A C C A I A S A I N U T Y
S N T X L A U U X I N P N C H
V H D H C N A R P U D A A U G
F Y R U E C J X G L P X C V A
```

AQUEDUCT	ORCHARD
BREAKWATER	PARK
BRIDGE	PIER
CANAL	PORT
CAUSEWAY	RAILWAY
CLIFF	RANCH
FARM	RESERVOIR
HARBOR	TUNNEL
MARINA	VIADUCT
NATURE RESERVE	WHARF

Roller Coaster Rides

```
R B T W T R O T A R E L E C X
B A G H O S T R I D E R A A W
K S S O R T S A Z D I N A H N
C C T A R E L R C L Y U I C R
O T E O T E P S A O I R I Y Z
L H E D Z L R P N M L L A C O
O E L A T P O B I W P L D L O
S R F N X H L B I D T A A O M
S A O R A A G N R H T B G N E
U P R O S N D I E E I N E E R
S T C T I T K C L E D O A R A
J O E Z O O O J L F I N U I N
J R G L X M U N G A M N U T G
D E S P E R A D O T T A A H S
A R I T H E B E A S T C X Y T
```

CANNONBALL RUN

CANYON BLASTER

COLOSSUS

CYCLONE

DESPERADO

FLIGHT DECK

GHOSTRIDER

GIANT DIPPER

MAGNUM XL

RAMPAGE

STEEL FORCE

STEEL PHANTOM

THE BEAST

THE COMET

THE RAPTOR

THUNDERBOLT

TORNADO

WHIRLWIND

XCELERATOR

ZOOMERANG

Collective Terms

```
Z J L L R I M A E R X T M A P
P U U L J P Y R M J L O A R T
R S R W E B M E A A A D D Y H
R U T B S T X D I W E S W A D
A G R S B V P T K T S T O E U
N R Y U V B H I A C S B R E O
O L N S E H D U U A O U C R S
K C A P B M H H D U P L G A Q
H A P R I D E A Q D U Z F B G
E M M L R B M U H S L R B A R
R E O P T R E O T A S E G N E
Z D C H A T T E R I N G A D T
E B A T T E R Y C O L O N Y C
L Y F L A X M O B E U R O E T
A I S Z I S R K S X T R A S S
```

ARMADA	FLOCK
BAND	GAGGLE
BATTERY	HUDDLE
BOUQUET	PACK
BUNCH	POSSE
CHATTERING	PRIDE
CLUSTER	REAM
COLONY	SWARM
COMPANY	TEAM
CROWD	TRIBE

Cocktails And Ingredients

```
A Z I R A I E I F R W Y A B I
M U D S L I D E N H E D S U M
U O R A N G E N L I A N P E R
E R A B I O E M I L T A A C R
Q E C J L Q M V A G T R R O Z
R V A P T A U E O R K B A S B
D I B E L O C I L D Z N D M L
T R D T D O K K R B K Y I O U
R D S M A R G A R I T A S P E
X W T O M A T O J U I C E O L
T E Q U I L A S U N S E T L A
E R B I L A B U C Z L S I I G
C C G X U R I I E M O J I T O
M S U T U R P B K S E E M A O
R T W R R O R N W U T U M N N
```

BACARDI

BLACK RUSSIAN

BLUE LAGOON

BRANDY

COSMOPOLITAN

CUBA LIBRE

DAIQUIRI

LEMON

LIME

MARGARITA

MARTINI

MOJITO

MUDSLIDE

ORANGE

PARADISE

PINK GIN

SCREWDRIVER

TEQUILA SUNSET

TOMATO JUICE

VODKA

Festivals

```
T F H T D L A V I N R A C E F
I N R Y G S T R E C N O C I O
S R E I R E F C L N D O E S O
C R U M A A I F G R M S W S C
O R O F N H S G E M T J P E R
M S C L D I R R E A U V L N E
P U P R O K A M E B S E T I V
E O M E C C O T I V B T I P E
T Y M L C R T L R R I O D P L
I O W V A T E H A E Y N U A R
T J L T S E A T G O T S N H Y
I R I C I I I C X I P N Y A S
O O L R O O G A L A R W E C J
N L A I N O M E R E C B P P I
S A R G I D R A M E R R Y S L
```

ANNIVERSARY

BRIGHT COLORS

CARNIVAL

CELEBRATION

CEREMONIAL

COMMEMORATION

COMPETITIONS

CONCERTS

ENTERTAINMENT

FEAST DAY

FIESTA

GALA

GRAND OCCASION

HAPPINESS

JOYOUS

JUBILEE

MARDI GRAS

MERRY

REVELRY

SPECTACLE

Castles

```
J D Q T O K O T V D H S A K S
R L B E L C O U R T U R N C R
R H U S D R A W H O Z B I S V
V E F W E L I O F H E N T B S
B N A E I L R R H A D Q R D C
P D F U S N A M R E N N A B O
K E T O E N N D R Z K R M U T
D R N W K R S E J J K A I C T
J S O L O L L V K I A T H G Y
B O I B E L J E S E R I U Q S
D N S E A O U L L I N K P T U
G D N O M M A H P L L N H I F
O W E D Z N E T T E L L I G U
V K U E D O O W R U C B A Y H
D O P G S A E H S E A R L E S
```

BANNERMAN'S	MARTIN
BEARDSLEE	OHEKA
BELCOURT	SCOTTY'S
CINDERELLA	SEARLES
CURWOOD	SHEA'S
DARK ISLAND	SQUIRE'S
FRANKLIN	THORNEWOOD
GILLETTE	WARD'S
HAMMOND	WILSON
HENDERSON	WINNEKENNI

Popular Names

```
M O L O P T S S P L Y R S R A
O T P R M O A I E P U L B G Q
H M W I L L I A M S B A R S Q
J G N S E S J R U F J X A A L
P E I Q A O R M O A O T W C E
S Y N J H E A A S B S X H U Y
W U R N C R R D T E E Q R L I
C C S A I T T S N L P R O T E
C P E A M F C E O I H I T C T
C N M R N A E L R Z L C T I N
L T A A I C I R T A P H H U P
P O J B D I V A D B G A O H O
S I S R L Q M H E E O R M A A
K Y M A E W O C H T M D A K A
T C E B D O R O T H Y O S M V
```

BARBARA	MARGARET
CHARLES	MARIA
DAVID	MARY
DOROTHY	MICHAEL
ELIZABETH	PATRICIA
JAMES	RICHARD
JENNIFER	ROBERT
JOHN	SUSAN
JOSEPH	THOMAS
LINDA	WILLIAM

Windmills

```
T C S G N I H S E R H T O C Y
F U V N O I T A T O R F T C G
A E R O O L F E N O T S A R R
N X O B R A E G O L F W R E E
T Q O P I M E L G F A L V S N
A F U W Q N F L M T H U T S E
I A A A I L E I G S S E L W E
L L A H A N U M N U L T L C L
T U T E S N D R I D A S A X B
Y T M N A K E E D N C L T A A
Q Y T I W S N P N R I I H I W
N P X H M S U A I E T A T I E
O R X C I O D P R J R S R P N
S I X A L P R P G C E G S G E
H T U M L A D R A E V T Y Y R
```

AXIS	PAPER MILL
AXLE	RENEWABLE ENERGY
CRANKSHAFT	ROTATION
DUST FLOOR	SAILS
FANTAIL	SAWMILL
GEARBOX	STONE FLOOR
GRAIN	THRESHING
GRINDING	TURBINE
MACHINE	VERTICAL SHAFT
MEAL FLOOR	WIND ENERGY

Breeds Of Cattle

```
C A R O R A M I Q O P F C Z L
O K U R G A N H L I L N E T R
B F L E C K V I E H A N H A C
I S T O B E N D N R G A L G Q
T P T O I E M C V A E S R J I
U X T R B O G A A P I N F A B
O A P A N R O H T R O H S S P
J P C T Y A D L M X A Y C A Q
N K E C N A D N O B A C L I G
A S M A S H O N A R R M U R A
E K I R T H S O E L E U V N P
N I S U O M I L O R T T G A N
I M D R A U B R A C R U X L R
A N C T S K D I U I S E J E X
M C G X M K Z A Q J W O B D D
```

ABONDANCE	ISTOBEN
ANGUS	JUTLAND
AUBRAC	KURGAN
BERRENDA	LIMOUSIN
CARACU	LINEBACK
CARORA	MAINE ANJOU
CHIANINA	MASHONA
DEXTER	PALMERA
FLECKVIEH	PIEDMONTESE
HERENS	SHORTHORN

Fourth Of July

```
P F T J N O I N U E R R V S A
M I V S O P W P I C C S A S C
O A R E M M U S V N E M P S P
D Q S U S E H C E E P S X A Q
E T P X N H O L I D A Y R B D
E C A R N I V A L N A T A B A
R R T Z V T T V X E Y R F O A
F I R E W O R K S P B E A O O
N O I T A R B E L E C B M P P
M I O P I C N I C D U I I O Q
Z U T J C F F U T N A L L S L
L F I I P A E N D I O Y Y H F
H G S E I N O M E R E C M H J
X U M R A H U B T X A Y T O L
M U D W R K T G S J U N S L H
```

BARBECUE	INDEPENDENCE
CARNIVAL	LIBERTY
CELEBRATION	MUSIC
CEREMONIES	PARADES
CONCERT	PARTY
FAIR	PATRIOTISM
FAMILY	PICNIC
FIREWORKS	REUNION
FREEDOM	SPEECHES
HOLIDAY	SUMMER

Museums

```
G S G U G G E N H E I M U M T
U B R O O K L Y N A Q P O H N
C O N E Y I S L A N D M O X O
U T A I T S O C A N A L T Q T
P A R R I S H A R T L E O A N
N O G U C H I D E Y O U N G I
J F I E L D O O W L L I H Z L
P M E T R O P O L I T A N J C
M U S E U M O F S C I E N C E
G I W Z A D R O I R E T N I L
H G T E W O X T S R E H M A T
Q X L A J P A U L G E T T Y S
I F X Z S K C A D N O R I D A
A U T T Y M Q S R I L T T J C
S E I R E L L A G S E B R O F
```

ADIRONDACK	HILLWOOD
AMHERST	HOLLYWOOD WAX
ANACOSTIA	INTERIOR
BROOKLYN	J. PAUL GETTY
CASTLE CLINTON	METROPOLITAN
CONEY ISLAND	MOMA
DE YOUNG	MUSEUM OF SCIENCE
FIELD	NOGUCHI
FORBES GALLERIES	PARRISH ART
GUGGENHEIM	THE CLOISTERS

NFL Stadiums

```
C O W B O Y S G I L L E T T E
A L A M B E A U F I E L D A J
N S E M A J D N O M Y A R X J
D S L V D R L I O S A C U L Q
L T E V E R B A N K F I E L D
E O O R A L P H W I L S O N L
S A E M O D A I G R O E G T E
T D L E I F Z N I E H T Z N I
I D L E I F X E D E F A M A F
C K E F I L N U S B T T Y I T
K S V F D L E I F D R O F L S
P D L E I F R E I D L O S E E
A R R O W H E A D E P X W R W
R K M G U P A U L B R O W N Q
K N E W M E A D O W L A N D S
```

ARROWHEAD

CANDLESTICK PARK

CLEVELAND BROWNS

COWBOYS

EVERBANK FIELD

FEDEX FIELD

FORD FIELD

GEORGIA DOME

GILLETTE

HEINZ FIELD

LAMBEAU FIELD

LUCAS OIL

NEW MEADOWLANDS

PAUL BROWN

QWEST FIELD

RALPH WILSON

RAYMOND JAMES

RELIANT

SOLDIER FIELD

SUN LIFE

Jazz

```
B P U J W G B T A P S S J N S
I Y R T R I P X L E R Y A V L
C I N O T A I D T N R N T Y L
J U O N G A T S E T S C D K Z
D V S I E R E N R A O O Q O S
E I E C X R E B E T R P J O W
T N M M T D O S D O M A I B O
N T I I E B V S S N H T N E D
E E T N N R B L C I U I V K Z
M R F O S I H A A C O O E A R
G L L R I D S S L A A N R F K
U U A D O G T H E L W L S G K
A D H R N E Z I E U A V I T I
K E I W S C H O R D L D O V B
N U O O T F S P O B E B N R A
```

ALTERED SCALE	FAKE BOOK
AUGMENTED	GROOVE
BALLAD	GROUND BEAT
BEBOP	HALF TIME
BLUES	INTERLUDE
BRIDGE	INVERSION
CHORD	PENTATONIC
DIATONIC	PROGRESSION
DIMINISHED	SYNCOPATION
EXTENSIONS	TONIC MINOR

NATO Phonetic Alphabet

```
N R A A H Y R D P W A I R R S
Z E A C J L I M A T C J I U A
U I L T F Y Q E P T T E Q S I
H T N N N G I R A I L L H C Z
L Y F D R S A Q U E B E C S U
O U O D I W F O R O T H D N L
B J P B R A V O F P A C I G U
Q A D A Q V A D X R Z F I U R
A K H T Y J W T L T O R B O B
L U F A R R E I S R R R E K D
Z E E N O R E B M E V O N I S
P C T G R Y T K C A I T T L A
M H A O V S B R I R A C S O I
G O L F H E Z A O M F I R H Q
E C M B M Y E I I S O V U E U
```

BRAVO	MIKE
CHARLIE	NOVEMBER
DELTA	OSCAR
ECHO	PAPA
FOXTROT	QUEBEC
GOLF	SIERRA
HOTEL	TANGO
INDIA	UNIFORM
KILO	VICTOR
LIMA	ZULU

Baseball Terms

```
D H T T E V R U C L O S E R A
R P G S H O R T S T O P P E S
B I H T V O S A P R E P H H A
A N U R D N A T I H F O U C O
T C R I P I I F D H K T S T M
T H S K T I T P O N O P K A I
I H U E R A T M U U O T G C A
N I S O I K E C T G L M Q N V
G T F U P P K J H D T L A V I
O T I T L L S J I B Y J I I T
R E D A E H E L B U O D A N D
D R T B P O T S K C A B A S E
E E A L L A B T S A F Q T A A
R L Y G A S S I S T Y S E P S
L R U M Y O D L M V Z C J T U
```

ASSIST	FOUL LINE
BACKSTOP	HIT AND RUN
BASE	HOME PLATE
BATTING ORDER	KNUCKLE BALL
CATCHER	PINCH HITTER
CLOSER	PITCH
CURVE	SHORTSTOP
DIAMOND	SHUT OUT
DOUBLEHEADER	STRIKE OUT
FAST BALL	TRIPLE PLAY

Romeo And Juliet

```
A S T L J T S A B R A M S C A
X Q M C W T I U X E P E A S N
F A S L T Q C O E M O R M R O
E R A E P S E K A H S C P P W
P R I N C E E S C A L U S Y I
S I R A P Y E S R I T T O D P
Y F R Y R T R U R U T I N E A
S R L A A L E A G E N O O G X
R I P Q S L A I C A X E D A L
L A D Y C A P U L E T F H R R
E R Y R E L H U R U H N E T T
C J T Y B A L T S E J T O T A
S O I J R O S A L I N E O M P
I H O T L L S W A A Q C Z P K
J N Y O I L O V N E B U E A A
```

ABRAM	PARIS
APOTHECARY	PLAY
BALTHASAR	PRINCE ESCALUS
BENVOLIO	ROMEO
FRIAR JOHN	ROSALINE
FRIAR LAURENCE	SAMPSON
JULIET	SHAKESPEARE
LADY CAPULET	THE NURSE
MERCUTIO	TRAGEDY
MONTAGUE	TYBALT

Bats

```
G S D D E R E K S I H W K Z L
D V E E N U N T V S R F E U T
N A R L R M R U G L A F V P B
G S N I E T S H C E B I E H R
L I R A H A H R N K L T N A B
F L E T T U S A E O R S I A I
I V T E R A C T N R E A N G G
S E S E O F B G E M E M G Q B
P R E R N T T I I R W T B F R
O H W F T O U N G F N E T F O
T A G V N V O K P E Y R H A W
T I A G E L O N G E A R E D N
E R U B E R I P M A V R A D P
D E S O N F A E L R E U E O I
D D E S O N G N O L T X S D H
```

BECHSTEIN'S	LONG-TONGUED
BIG BROWN	MASTIFF
BIG-EARED	NATTERER'S
EASTERN RED	NORTHERN
EVENING	SEMINOLE
FREE-TAILED	SILVER-HAIRED
HOARY	SPOTTED
LEAF-NOSED	VAMPIRE
LONG-EARED	WESTERN RED
LONG-NOSED	WHISKERED

Hollywood Stars

```
V P K E A N U R E E V E S L X
V A E E R O O M R E G O R Z R
B S T E V I E W O N D E R O Y
I W Z L R I J R E L D A U O L
L E U U O T N A A C S E M A J
L R G P Y V S S Y I T G R G P
Y D E A J E A L P W O A B L B
J N N U C A N R Y A A P L E U
O A E L E S Y S T R C R A N D
E E K A L G A L I N E E D N A
L I E A C P R L E D H M Y F B
G L L B P E N T O N T O P O B
A U L D R O T B I C O L J R O
L J Y U E I W O B D I V A D T
J C E L I N E D I O N N I W T
```

BILLY JOEL	JULIE ANDREWS
BUD ABBOTT	KEANU REEVES
CELINE DION	KEVIN SPACEY
DAVID BOWIE	LOU ADLER
GENE KELLY	MERYL STREEP
GLENN FORD	NICOLAS CAGE
JAMES CAAN	PAULA ABDUL
JAY LENO	ROGER MOORE
JAY WARD	STEVIE WONDER
JOHN TRAVOLTA	WALT DISNEY

In The Garden

```
C R O P S E E R T B N R A P O
P O J O S B U R H S H E A R S
P L U E R S W E V Q O Z G S E
L Z A S S N I K P M U P H D R
Z X S N O S L A J P R H M N O
O T A M T I D Z G B R L U O Z
Y U A M U S L T N S I C A P C
W A F E R T I L I Z E R G T B
S E L A I O F E W B U I D I L
E E E J A R E E O L C V E S S
H L V D H R S Q R F Z S K S R
S O Q A S A A O G Z A L M A D
U O E K E C P K L W R Z J R S
B U A K R L Z X E B O A A G Q
E T L A F B U T B U I J I U E
```

BIRDS	PLANTS
BUSHES	POND
CARROTS	PUMPKINS
COMPOST	RAKE
CROPS	SHEARS
FERTILIZER	SHRUBS
FRESH AIR	SOIL
GRASS	TREES
GROWING	WEEDS
LEAVES	WILDLIFE

Comets

```
H E T S F A T K T Y I F A D P
T E J K P Y A R F I N L A Y J
X Q C R O M M E L I N N A Y Y
U E K C N E E X R T I S L L E
B P O N S W I N N E C K E T U
F R T E B N E H L H C T I G A
A F B B R T E S A R L D B H O
O T P S O T J U T S E R R A D
O S S O O R M B J P F O V L U
X S S W K A R R U M H W O L F
U A K J S O E E H O I A A E F
A R R S R L M J L S R N L Y T
G K E S K L U M E L T T U T E
S R E B L O E T A R Y I I C E
S N L B R S Y G G T O L R A L
```

BIELA	HOLMES
BORRELLY	KOPFF
BRORSEN	NEUJMIN
CROMMELIN	OLBERS
D'ARREST	PONS-BROOKS
DANIEL	PONS-WINNECKE
ENCKE	SCHAUMASSE
FAYE	TUTTLE
FINLAY	WESTPHAL
HALLEY	WOLF

Species Of Iris

```
O G C S M P W F H Y E T I M V
A O B O G U E U X E A S E L E
R C O G I A N T B L U E O K O
S B W B D N V Z R L H X D O Q
P H L T M O A F S O B K E O M
A S T A O A U I L W N K T P A
N I U E C U B G R L U L S U Z
I L B H S K G N L E K P E R U
S G E W T R A H T A B L R D O
H N O R P M C I L V S I C Y Y
G E Z R A B B I T E A R S S I
G E K A L F R A W D A O U R K
P E W O H O R T C I D V I P S
T U T O I J A P A N E S E N I
P A B M E X V F E R N A L D S
```

BAMBOO	HARTWEG'S
BLACK	JAPANESE
BOWLTUBE	MUNZ'S
CRESTED	PURDY'S
DEL NORTE	RABBIT-EAR
DOUGLAS	SIBERIAN
DWARF LAKE	SISKIYOU
ENGLISH	SPANISH
FERNALD'S	TOUGH-LEAVED
GIANT BLUE	YELLOW-LEAVED

Holidays

```
Y C E S A R C H A V E Z D A Y
A A F F O Y A D R O B A L K A
D D D H A L L O W E E N J S D
S M G N I V I G S K N A H T E
T I J N O I T A R B E L E C C
N S C H R I S T M A S D A Y N
E S E L E C T I O N D A Y T E
D I C Y A D L A I R O M E M D
I O A R Y A D S R A E Y W E N
S N E C O L U M B U S D A Y E
E D N T I M E O F F G E U Q P
R A L A R E D E F T D U O O E
P Y S T A T E H O L I D A Y D
R Y A D S N A R E T E V B N N
D V O B S E R V A N C E R S I
```

ADMISSION DAY	INDEPENDENCE DAY
CELEBRATION	LABOR DAY
CESAR CHAVEZ DAY	MEMORIAL DAY
CHRISTMAS DAY	NEW YEAR'S DAY
COLUMBUS DAY	OBSERVANCE
DAY OFF	PRESIDENTS DAY
ELECTION DAY	STATE HOLIDAY
FEDERAL	THANKSGIVING
HALLOWEEN	TIME OFF
INAUGURATION DAY	VETERANS DAY

Mineral Ores

```
E W A U E E E T I T N E G R A
L T Q L R T T O G C W S R W S
X N I W I A I I B A U X I T E
O S X T U L N R M G S V I M T
W D R M L H E I Y O V P O A I
M O E V Z A D A N P R Z S L L
A L L T C A B H N I N H X A O
C O E F I K Y O E S T O C C Y
L M T B R C L G C M A E R H R
A I I T O A O R A B A N N I C
B T L U S R M C A L A T A T C
I E A U A T N I L B E R I E D
O L Y R E B F I T A T N I T B
A M A G N E T I T E H O A T E
N C F T B J O T F E L C G R E
```

ARGENTITE	DOLOMITE
BARITE	FAYALITE
BAUXITE	GALENA
BERYL	HEMATITE
BORNITE	IRON PYRITE
CHALCOCITE	MAGNETITE
CHROMITE	MALACHITE
CINNABAR	MOLYBDENITE
COBALTITE	URANINITE
CRYOLITE	WOLFRAMITE

Monkeying Around

```
S Y E K N O M N E E R G A X R
Q P R O O T K M A N D R I L L
R H O W L E R M O N K E Y U W
Y U M I T I T N W O R B N X H
Y E G S I L V E R M O N K E Y
Y E K N O M L E R R I U Q S Q
Q D K N A B L A C K T I T I R
M N L N O L K C U O R B L A M
E O I O O M I A N O L T U P A
U U N H T M Y R G I R O S L R
R A Q K C E T L I E R O B S M
F S T A S U V H L G L A N U O
Q U S S C A P I G O L A M M S
B A L D U A K A R I O I D A E
I M O Y X A M I C G N W N A T
```

BALD UAKARI	MANDRILL
BLACK TITI	MARMOSET
BROWN TITI	MONK SAKI
CAPUCHIN	NIGHT MONKEY
GELADA	NILGIRI LANGUR
GREEN MONKEY	OLIVE COLOBUS
GRIVET	SILVER MONKEY
HOWLER MONKEY	SQUIRREL MONKEY
MACAQUE	TAMARIN
MALBROUCK	WOOLLY MONKEY

Black And White

```
O M D T C A Z K Y S O H T L Z
L T L U K F A H R R L O K Q A
M A Q Z L I J S N O U O T F U
A Z S A P A R S O B T O L C A
X F G T L E B E R L F S S O S
S D S N B A P E X L R A T N N
T S O T I W A P W P A M R R G
R D V N V D I S E O W T E F O
T C T E J W D N L R D S Y W Q
Y Q E S L A A U E L K I H I C
D O D D I V E S P T A R W T T
B T A H O L E B H B A H A C T
V O S C L W E T A L O C O H C
A F J R E A T O N F R D B W S
Z O V U R P F T T R E P Y X I
```

BEAR	LIST
BELT	PEPPER
BODY	PUDDING
BREAD	SHARK
CHOCOLATE	STORK
CHRISTMAS	VELVET
DWARF	WASH
ELEPHANT	WIDOW
FLAG	WINE
HOLE	WITCH

All About Pizza

```
P H G U O D G X Y U E I G N O
K M A S O D E E P P A N P S E
E I E W R Z I T S I Q E S P R
E L C I A W K A P Z E A A O L
S F Y I T I Z Z W Z A P R Q E
E L Y T S A I C C A C O F M R
E O T O S P L A U S I L S O T
H U I P V O A I N T R I R Z C
C R C P T E G R A O G T T Z R
O C I I C O N A M N Y A I A L
N P T N E R M R C E S N B R R
A A S G B T U A A I S T P E A
M E A T F E A S T C H A Y L O
O A L O K O T E T O R C N L G
R S E O M A R G H E R I T A E
```

CHICAGO STYLE	MEAT FEAST
CRUST	MOZZARELLA
DEEP PAN	NEAPOLITAN
DOUGH	OVEN
ELASTICITY	PARMESAN
FLOUR	PIZZA STONE
FOCACCIA STYLE	ROMANO CHEESE
HAWAIIAN	TOMATO
ITALIAN STYLE	TOPPING
MARGHERITA	YEAST

Deserts

```
C A E O T K O K O F C D S I U
A T A C A M A Q F P R C R A A
R P G K J L A T O A T J L Y T
A O R N A R O N O S U Q A S Z
H N E H Z N G I B S O N N Z P
A A A I R O T C I V T A E R G
S R T I S Y R I A N K U P R R
I R S M N C L I U A I H V R E
B R A I U O K X M I U A Z T A
O B N H M K G A I B L U N Q T
G U D T T P L A A A S H A T B
L K Y B X K S Y T R L I R X A
U M O J A V E O Z A P H S P S
R S R T B I M A N Y P C A Z I
X V S V M U K A R A K T I J N
```

ARABIAN	KYZYL KUM
ATACAMA	MOJAVE
CHIHUAHUAN	NAMIB
GIBSON	PATAGONIAN
GOBI	SAHARA
GREAT BASIN	SIMPSON
GREAT SANDY	SONORAN
GREAT VICTORIA	SYRIAN
KALAHARI	TAKLAMAKAN
KARAKUM	THAR

Trees

```
S O O H I O B U C K E Y E U L
W E O Y C N U W H I T E O A K
E L U B U R O A K L S K B V C
E P S T U L I P P O P L A R O
T A P T O S P B O D B V L A L
G M I X C E D A R G Y U S O M
U D U B D E R N R E T S A E E
M E R O M A C Y S P V W M U H
R R I F S A L G U O D L F L N
N S U G A R M A P L E Z I P R
D A M E R I C A N E L M R S E
L L O B L O L L Y P I N E M T
F D N E P S A G N I K A U Q S
B R I S T L E C O N E P I N E
U T A H C R I B R E V I R S W
```

AMERICAN ELM	QUAKING ASPEN
BALSAM FIR	RED MAPLE
BRISTLECONE PINE	RIVER BIRCH
BUR OAK	SILVER BIRCH
CEDAR	SUGAR MAPLE
DOUGLAS FIR	SWEETGUM
EASTERN REDBUD	SYCAMORE
LOBLOLLY PINE	TULIP POPLAR
LODGEPOLE PINE	WESTERN HEMLOCK
OHIO BUCKEYE	WHITE OAK

Nashville Predators

```
R F E A T H L Y R I O C S K H
E E B R I D G E S T O N E R D
B E V I A D Y K E O T A Y P R
E S T L D T L C L T Z Q T P G
W B O U I L L O N O S N A R F
S K O U V S M H G L S P R M C
R E T U S B E E S S E N N E T
S U O N A A T C F O A E E V A
M L O R Q H C I N A K E D Z O
Q B D Z A P R S P A L I N G J
A I R M N N R D U J A T A B L
X S T A Y S G R P A P T W E R
L E U T A L S E B S W R G L S
Q I K A M G O D R Q A A E A S
C K R U E B P N P N I E L K T
```

BELAK	LEGWAND
BLUE	LOMBARDI
BOUILLON	ORANGE
BRIDGESTONE	SILVER
DEKANICH	SPALING
ERAT	STEEL
FRANSON	SUTER
GOLD	TENNESSEE
ICE HOCKEY	TOOTOO
KLEIN	WEBER

Helicopters

```
E A G L E E Y E L U M Y M R A
L I R O Q U O I S U S A J R M
C A Z B Q I K L O I A S P L M
Z F S I O U X S C O U T O O R
V C P N S C K U L S W G O N R
X S E C D S Y I P I H R S G E
S C E A O R L E N L F I P R D
R H G A N M E R U G W F A A N
C I R R K D A G I H C F A N I
A N I A H N A N N O A O P G F
R O A A G P I W C A M N B E H
P O W E A K J G O H R R G R T
S K R C S R X L H I E T T A A
K O H E L I S T A T K F E K P
V E R T O L Y P U R G B R J P
```

AIRGEEP	JETRANGER
APACHE	KING COBRA
ARMY MULE	KIOWA
CHINOOK	LONG RANGER
COMANCHE	PATHFINDER
EAGLE EYE	SEA KNIGHT
GRIFFON	SIOUX SCOUT
HELI-STAT	SPEED HAWK
HUEY COBRA	TWIN RANGER
IROQUOIS	VERTOL

Shrubs

```
R P Q A J I I D L A P C D T L
L Y V L E Q Y R R M A R R Y D
L E U L W S R O E N I M S A J
R E D N E V A L G W L I U C Y
X E G A S Q M E A H O L L Y V
R R P R R M E A G O N L S E A
W M S I U U S N S N G T L T E
I Y I Z N L O D D E A Q F I E
C L R S B U R E F Y M R X O W
S O K R T J J R I S J Y D X W
A C A M E L L I A U U A R Y V
B M O O R B E S U C S I B I H
J Z M R H R R T C K P Q C C O
Q F U C H S I A O L X A F N R
S E H U C K L E B E R R Y E R
```

BARBERRY	JASMINE
BROOM	JUNIPER
CAMELLIA	LAVENDER
ELDER	MAGNOLIA
FUCHSIA	MISTLETOE
HIBISCUS	OLEANDER
HOLLY	ROSEMARY
HONEYSUCKLE	SAGE
HUCKLEBERRY	WILLOW
HYDRANGEA	YUCCA

Newspapers

```
N O R E G O N I A N A M S A U
S W A P I U O W C U E I S B S
N D A D A I L Y H E R A L D A
E E R S A R C V I Q C M E E T
W N W E H T S S C R U I B N O
Y V F Y G I A T A M F H O U D
O E R C O D N M G T A E L B A
R R E E M R E G O H E R G I Y
K P S T C N K L T U E A N R A
P O N S T O A T R O D L O T D
O S O O S T R I I A N D T R S
S T B P I P U D B M T P S A W
T E E M T H E S U N E S O T E
E R E D A I L Y N E W S B S N
Z S P L A I N D E A L E R L T
```

BOSTON GLOBE	NEWSDAY
CHICAGO TRIBUNE	OREGONIAN
DAILY HERALD	PLAIN DEALER
DAILY NEWS	RECORD
DENVER POST	SACRAMENTO BEE
FRESNO BEE	STAR TRIBUNE
LA TIMES	STAR-LEDGER
MIAMI HERALD	THE SUN
NEW YORK POST	USA TODAY
NEW YORK TIMES	WASHINGTON POST

Cheeses

```
U N I M O N T E R E Y J A C K
R R D A A P T G R S T V O H C
V E S L L Y I Z P C S L R E A
H O T G Y L T N X M B S H D J
Y X V E O W E A C Y G Y S D R
Y A Z I L V Z R G O B Y U A E
R Y S B S E E K A B N L V R P
F A R M E R M R C Z L N W R P
M L E V O R P E N I Z U I T E
D S T R I N G D R M R O E N P
G E N A C I R E M A E B M S G
U X R O O L A I N P G N K L T
T B A B Y B E L W O X F T G J
A F S C E N O G E D S S I W S
Q P C R E A M U E N S T E R S
```

AMERICAN	MAYTAG BLUE
BABYBEL	MONTEREY JACK
BERGENOST	MOZZARELLA
BRICK	MUENSTER
CHEDDAR	PEPPER JACK
COLBY	PINCONNING
CREAM	PROVEL
FARMER	STRING
GOVERNMENT	SWISS
LIEDERKRANZ	TELEME

Carnivores

```
P E E E Y V U L T U R E I O M
S E K Q B E C O X T R L I O E
N Q E A I N R P E C I U N O R
D S U S N U O P S S O G D C A
Y Q X U V S C W F P O B E P E
T E R R E F O L E O P A R D B
J L U L O L D P S L S V I A N
O S U A F Y I E O A H D Y L W
C I E W T T L N V R A O R L O
P F A R U R E G S B R R Y I R
T H Y E N A L U R E K O I G B
M E C X A P G I V A A N J A U
N P F L P T A N F R V L L T X
F I M B E T E S V P L A L O R
J U R M A V W T S T I G E R O
```

ALLIGATOR	PENGUIN
BIRDS OF PREY	POLAR BEAR
BROWN BEAR	SEAL
COBRA	SHARK
CROCODILE	SNAKE
EAGLE	TIGER
FERRET	VENUS FLYTRAP
HYENA	VULTURE
LEOPARD	WALRUS
MONGOOSE	WOLF

S&P 500 Companies

```
G Y G W W E L L S F A R G O A
L E E D M C T O P E D E M O H
R L N L O C N I R E Z I F P A
Y E E E N W G I P R M F A X C
T C R G R A C R O Z I E R S N
L T A G S A T H A C W L R N I
A R L M T T L S E W I M A Z A
E O E A S H A D N M H S H S I
R N L S L H E P Y A I I P U D
O I E O U P O I L N G C L E E
C C C N O Z S V N E A R A L P
M A T T E L I N C Z S M O L X
I R R C N I T I U T N I I M E
K T I M E W A R N E R I N C U
T S C N I S Y C A M V U N C S
```

DOW CHEMICAL

ELECTRONIC ARTS

EXPEDIA INC.

GENERAL DYNAMICS

GENERAL ELECTRIC

HEINZ

HOME DEPOT

INTUIT INC.

KIMCO REALTY

LEGG MASON

MACY'S INC.

MATTEL INC.

MCGRAW-HILL

MORGAN STANLEY

OFFICE DEPOT

PEPSICO INC.

PFIZER INC.

STAPLES INC.

TIME WARNER INC.

WELLS FARGO

Comedians

```
E N I T R A M E V E T S D S R
D L E F N I E S Y R R E J M A
D G N I L D N A H S Y R R A G
I C H R I S R O C K O E E I N
E T G H J Z M C A S J N L L I
M S B O B H O P E D M E D L L
U I B I L L M A H E R G N I R
R W Q M C A N J Y E L E A W A
P E R D A N E C O O K D S N C
H L O N E L Y A J H N N M I E
Y Y Y B S O C L L I B E A B G
T R A W E T S N O J P L D O R
X R A M O H C U O R G L A R O
R E D A V E C H A P P E L L E
Q J I M C A R R E Y R R W R G
```

ADAM SANDLER	GEORGE CARLIN
BILL COSBY	GROUCHO MARX
BILL MAHER	JAY LENO
BOB HOPE	JERRY LEWIS
CHRIS ROCK	JERRY SEINFELD
DANE COOK	JIM CARREY
DAVE CHAPPELLE	JON STEWART
EDDIE MURPHY	ROBIN WILLIAMS
ELLEN DEGENERES	ROSEANNE BARR
GARRY SHANDLING	STEVE MARTIN

Futurama

```
A R D A R N O C S E M R E H S
C M O I G G A M I D N H O J S
H N O I T A M I N A P J M U M
S P N T U R A N G A L E E L A
S H S I N O J X S P A L D A T
N I Z S B E S C H T N D A G T
U L S E E B R I I O E Q V A G
S L T U B U L U D X T P I S R
E A G S F I R E A E E L D Y O
E M I F P T L Y R L X J H E E
R A Y J M O R B O F P N E T N
H R F G N O W Y M A R D R A I
T R E K O R K F I K E A M K N
Y T I S R E V I N U S R A M G
M Q T B I L L Y W E S T N P B
```

ANIMATION	MARS UNIVERSITY
BILLY WEST	MATT GROENING
DAVID HERMAN	MORBO
DR. AMY WONG	MY THREE SUNS
FLEXO	NIBBLER
HERMES CONRAD	PHIL LAMARR
JOHN DIMAGGIO	PHILIP J. FRY
KATEY SAGAL	PLANET EXPRESS
KIF KROKER	SCRUFFY
LAUREN TOM	TURANGA LEELA

Breeds Of Dog

```
T D R E H P E H S G N I K Y J
R E V E I R T E R N E D L O G
R U C N I A T N U O M I K P I
E R C O S R K A B Z F L O T O
T T A H J T R R E U T S O A Z
T R R T T P E E M I A H N F R
E E O Q T U L P T S I C I G O
S X L E Z E O O H N V T H H B
H O I G L Y R M T E O G C A S
S B N B A I Z R K T N T I N P
I O A U T E Y D I C H S S H T
R N D R D R B K V E A O C O R
I P O O D L E D D D R L U U B
V A G D N U O H D O O L B N R
M T P S R D A C H S H U N D D
```

AFGHAN HOUND	GOLDEN RETRIEVER
BEAGLE	IRISH SETTER
BLACKMOUTH CUR	KING SHEPHERD
BLOODHOUND	KYI-LEO
BORZOI	MOUNTAIN CUR
BOSTON TERRIER	PLOTT HOUND
BOXER	POODLE
CAROLINA DOG	RAT TERRIER
CHINOOK	SHIH TZU
DACHSHUND	STEPHENS CUR

Football Terms

```
Q T D L S T R N E K R C V T N
A U G O A L L I N E U N T C O
Z W A N W O D H C U O T O D I
P Q I R A J G V A K U R D L T
U C E N T E R D G U N N E R P
Y T H R G E M A L E P U F O E
E S V K R B R A R E P W E W C
T O S S K C A B G N I N N U R
T P J A C O A C A L R F S U E
T L L M I C L U K C W R E M T
I A R E K V H J U J K O I P N
M O E C P I S V Q N U V B I I
I G P A O O P N O R I D I R G
V S L F R E E K I C K U G E Z
R T I J D U P L A Y M A K E R
```

BACK JUDGE	GOALPOST
BOWL GAME	GRIDIRON
CENTER	GUNNER
CORNERBACK	INTERCEPTION
DEFENSE	PLAYMAKER
DROP KICK	QUARTERBACK
FACE MASK	RUNNING BACK
FIELD GOAL	TOUCHDOWN
FREE KICK	UMPIRE
GOAL LINE	WING BACK

The 'A' List

```
Y  I  I  R  S  A  L  T  H  O  U  G  H  A  T
L  F  I  O  A  N  X  I  O  U  S  O  A  L  A
L  U  F  W  A  Y  I  W  G  S  G  D  O  M  L
A  T  T  E  N  T  I  O  N  N  T  N  B  O  R
U  G  B  Z  R  H  R  O  I  P  O  I  H  S  E
T  S  A  C  T  I  V  E  D  W  T  M  S  T  A
C  V  U  M  Y  N  E  T  R  I  R  R  A  B  D
A  O  A  G  I  G  T  L  O  L  Z  W  L  T  Y
A  P  P  E  A  R  A  N  C  E  K  E  P  L  Z
Z  W  E  L  G  R  I  T  C  I  L  U  K  J  W
G  N  I  Z  A  M  A  L  A  T  T  J  A  O  E
A  M  W  E  I  M  U  P  A  U  R  R  S  U  F
O  D  P  N  N  I  I  R  S  O  F  Y  A  X  F
A  I  I  L  S  A  J  N  T  A  B  I  I  W  L
D  W  E  E  T  U  H  B  A  B  O  V  E  O  D
```

ABLE	AMBITION
ABOVE	AMONG
ACCORDING	ANIMAL
ACTIVE	ANXIOUS
ACTUALLY	ANYTHING
AGAINST	APPEARANCE
ALMOST	ARTICLE
ALREADY	ASPARAGUS
ALTHOUGH	ATTENTION
AMAZING	AWFUL

On The Web

```
Z I N T E R N E T E L P P A W
A E Y A W E T A G L I A M E S
U U S E T I R O V A F I B T F
K F H E N L K Y J R P A R I P
O Z Y N E W S R E A D E R D T
U U P I P L N R A D A E M D U
A Y E G C U Z B R M W P O O C
S K R N R R O E I A K W O O H
T E T E E C S N L P N O O N O
F R E H V S G L L L Q K O Z S
S O X C R N I I O A I D F B T
S C T R E V D A R E N N A B I
U Y A A S O D G U Z M D K E N
V R W E B B R O W S E R G M G
E U G S A K S O E C P P M G N
```

APPLET	HOSTING
BANNER ADVERT	HYPERTEXT
BOOKMARK	INTERNET
COOKIE	LINK
DOWNLOAD	NEWS READER
E-MAIL	SEARCH ENGINE
FAVORITES	SERVER
FIREWALL	STREAMING
GATEWAY	WEB ADDRESS
HOME PAGE	WEB BROWSER

Shades Of Yellow

```
O U S Z N T Q O E I J U X M P
V F A O G T T U G K P G H S P
G A M B O G E H S C R E A M X
F E F N L J G N W B U F F I B
L G U I D J I L I U F B L T F
W O L L E Y E M O R H C A A R
E L V O N S B O O O E P P S X
B D O E P W M N R B R T T R J
E E U R O T O P W I L T C T L
S N S U P U S L C L H E V I A
K R M A P N S O G I Q S W F B
S O X M Y P T Z E N I R T I C
R D D B L D R A T S U M N S U
H T E E C R U X J S S S N E Z
A V C R O T R M I K S G R O A
```

AMBER	FULVOUS
APRICOT	GAMBOGE
AUREOLIN	GOLDEN POPPY
BEIGE	GOLDENROD
BUFF	ICTERINE
CHROME YELLOW	LEMON
CITRINE	MUSTARD
CREAM	SAFFRON
ECRU	SUNGLOW
FLAX	UROBILIN

Books Of The Bible

```
P S A X U R H U F J T U R X A
B R U R A C E E T Z U K T S T
T N H A Z A P P I L Y D N Z Y
K E S T H E R Y B K E U G X R
A H C T U G J L O U M C G E P
X E M C O R Q Z T B A M E S S
Z M W K L K P E E S H P N B P
K I I M A E R R O U S A E I S
U A S G N O S F O G N O S P M
Y H D J N O W I A V L G I S C
G L O O M A C C A B E E S A J
U K M S H C A R I S A R S L S
O Y H H Z B J U D I T H B M R
L L X U P I S U D O X E L S U
M F C A L E V I T I C U S R R
```

DEUTERONOMY	MACCABEES
ECCLESIASTES	NEHEMIAH
ESTHER	NUMBERS
EXODUS	PROVERBS
EZRA	PSALMS
GENESIS	RUTH
JOSHUA	SIRACH
JUDGES	SONG OF SONGS
JUDITH	TOBIT
LEVITICUS	WISDOM

Artists

```
A O O T Q I T W O M B L Y M A
D O Q B S W Y E T H I T A A I
D I T A I R U E S C O P B R A
Q K V S N H O J H L P P A H R
D D B Q G D W T Q L O U P Q Q
P Q A U E P E L E L S H S E T
T B G I R N E T L C C A R O R
I X T A S O H O H A H R R A L
F L Z T A O C E T O N I V D W
F T E I R K N K L K A N M A E
A I C P G B A X W E B G P M R
N O E O E P M R N E E A U S X
Y S R R N I W S A F L R E F S
L K G V T O E W C F I L J R T
Y M K U T E N O D E V A A N R
```

ADAMS	O'KEEFFE
AVEDON	POLLOCK
BASQUIAT	RAUSCHENBERG
GORKY	ROCKWELL
HARING	SCHNABEL
HOPPER	SINGER SARGENT
JOHNS	TIFFANY
LICHTENSTEIN	TWOMBLY
MAPPLETHORPE	WARHOL
NEWMAN	WYETH

Tropical Fish

```
T R H S I F N I U G N E P A S
V E E S O N E L T S I R B O H
O A S G I A N T D A N I O L B
I H R O R F H S I F L E G N A
N T A T N C T L Y R E T A I L
A A R T E T L A N I D R A C B
D S Y O C T N O C T K L A G R
E N G R M H N A W O J G R U A
U T U O Y T E O H N J V P P B
L S L E P O X T E P L N Z P Y
B L O O D F I N F N E O A Y R
Y Z E B R A D A N I O L A B R
L R A I N B O W F I S H E C E
G O D W A R F L O A C H C T H
R A Z H S I F L I C N E P R C
```

ANGELFISH	GIANT DANIO
BANJO CATFISH	GUPPY
BLOODFIN	HATCHETFISH
BLUE DANIO	LYRETAIL
BRISTLENOSE	MOLLY
CARDINAL TETRA	NEON TETRA
CHERRY BARB	PENCILFISH
CLOWN LOACH	PENGUIN FISH
DWARF LOACH	RAINBOWFISH
ELEPHANT NOSE	ZEBRA DANIO

Olympic Events

```
L S C I T E L H T A R X G A G
T R I A T H L O N O A N N P O
S G G N I W O R A H I B I S A
S R P L N S K D F T A O L A G
H B K H A E C H F S K X I R L
O S P F D Y T I K P V I A A S
O L A M C D L E T O W N S R W
T L A L I T T T L S T G T C I
I I I V H B Q L B B A A M H M
N N I G A P E P L O A N A E M
G N I L C Y C K C A R T M R I
G E L U B A D M I N T O N Y N
W C W A T E R P O L O T D S G
E I L L A B D N A H A H T U P
P L V U I T I K F T S X G O J
```

ARCHERY	ROWING
ATHLETICS	SAILING
BADMINTON	SHOOTING
BASKETBALL	SWIMMING
BOXING	TABLE TENNIS
DIVING	TRACK CYCLING
GYMNASTICS	TRIATHLON
HANDBALL	VOLLEYBALL
JUDO	WATER POLO
ROAD CYCLING	WEIGHTLIFTING

George Washington

```
F G N O I T U L O V E R P J N
T R E N T O N U D R G E T A O
R P A N L E A D E R R D R N I
F E U U E S Y A G E O N D O T
H E V B N R E R U I F A I N U
A J T I L C A I B D Y M D R T
T U A A R I E L N L E M R E I
C N G Y T E C S P O L O D V T
H Z E U T S R S T S L C X T S
E S Q D S R F A E A A O K N N
T P S C I T E O W R V A C U O
U O L G Y S I A D A V E Z O C
C O N T I N E N T A L A R M Y
G R A B B I A R E Y E E N N H
X T E P I R I M P S E H D T H
```

AUGUSTINE	JAY TREATY
COLONIES	LEADER
COMMANDER	MOUNT VERNON
CONSTITUTION	PRESIDENT
CONTINENTAL ARMY	PUBLIC SERVANT
DELAWARE RIVER	REVOLUTION
FRAUNCES TAVERN	SOLDIER
GENERAL	TRENTON
HATCHET	TROOPS
HEAD OF STATE	VALLEY FORGE

Introduced Species

```
A W I L D G O A T E Z H S U U
J I R E E D D E R S P M Y S Z
O L C U T Y X O I D A E V A R
M D E B C H U K A R E L I O E
R B R O W N A N O L E O H K L
L O A R D D D C G G S N S C O
H A A G E E K C R I U A I E K
H R O E L P G O L S Z K L G C
J B R I I I V V W G D R G Y E
Y R O G R E E N I G U A N A G
N N E A S R K B D R K B E K Y
G O T N C O K C E G E S U O H
N Z A A I Q B L A C K R A T S
U I R M U S C O V Y D U C K A
L P B D R B N G D A U O A P F
```

ASHY GECKO

BARK ANOLE

BLACK RAT

BROWN ANOLE

CHUKAR

DANDELION

ENGLISH IVY

GREEN IGUANA

GROVE SNAIL

HOUSE GECKO

KUDZU

MUSCOVY DUCK

RED DEER

ROCK PIGEON

ROUND GOBY

SIKA DEER

SILVER CARP

TOKAY GECKO

WILD BOAR

WILD GOAT

Ethics And Morality

```
E T T V Y G O L O T N O E D J
L H S O G M Z L J Y B S D N D
W H N S R S R K E L C K O H B
Q O O M H I D T I L W R O N G
U T I T S V G G N M M D G U Q
A I T H V I A H O A T L E T L
S P N G S T V R T U K U H I T
I B E U I A A I V S B O T L A
R I V O L L V R T G U H P I I
E T N S F E E E G O I S M T Q
A S O A E R D I L E M M A A R
L L C D G S M A H T N E B R S
I T M L A V Q F Y T L T A I U
S C I H T E E U T R I V L A U
M S I V I T I N G O C N O N U
```

BENTHAM

CONVENTIONS

DEONTOLOGY

DILEMMA

EGOISM

EMOTIVISM

KANT

MORAL FACTS

NON-COGNITIVISM

NORMATIVE

OBLIGATIONS

OUGHT

QUASI-REALISM

RELATIVISM

RIGHTS

SHOULD

THE GOOD

UTILITARIAN

VIRTUE ETHICS

WRONG

Talent Shows

```
M J V I V A H O L L Y W O O D
N A S H V I L L E S T A R B P
O R K W O R L D I D O L F A R
N O M I R A T S K C O R C N O
E C I T N E R P P A E H T D J
H K O J U G A T S I L Y T S E
C T T H E S T A R L E T F O C
T H B E L Q T H E S H O T N T
I E S H E A R G E N I U S T R
K C T O P C H E F B R E U H U
S R A T S N O I T C A T X E N
L A S E S T O L E H T N O R W
L D H C R A E S R A T S D U A
E L O D I N A C I R E M A N Y
H E N R E D N E T N O C E H T
```

AMERICAN IDOL	SHEAR GENIUS
BANDS ON THE RUN	STAR SEARCH
HELL'S KITCHEN	STYLISTA
MAKING THE BAND	THE APPRENTICE
NASHVILLE STAR	THE CONTENDER
NEXT ACTION STAR	THE SHOT
ON THE LOT	THE STARLET
PROJECT RUNWAY	TOP CHEF
ROCK STAR	VIVA HOLLYWOOD
ROCK THE CRADLE	WORLD IDOL

Flying The Flag

```
K M O E J T D S U S Y M B O L
S E A Z G F Y Y W E K C A W S
D L L S W S R H T P R C N X A
E B P A T R I O T I C O N A T
T M T A U T O H E R T U E R P
B E T D E N J O U T R N R J U
Q E N S S C O E L S H T E Q N
S C A S X Y I I B D I R L D L
A S S E I T P N T N G Y O D I
A U H F I G E H Y A B L P F C
D U D R A D N A T S R S O O X
T X A I W D N K O R A O L R R
X S C I R B A F Y A C O C C Y
L S V Z W D N H S T R F L E B
I B A R I S T D E S I G N F D
```

BANNER	MAST
BLUE	OLD GLORY
COLORS	PATRIOTIC
COUNTRY	PENNANT
DECORATION	POLE
DESIGN	STANDARD
EMBLEM	STARS AND STRIPES
ENSIGN	STATES
FABRIC	SYMBOL
IDENTITY	WHITE

Types Of Potato

```
T K O J A C U B S P C N Z X E
S S E E R I S E D X G G P D X
T M A R I S P I P E R T T D H
G Y Y S R R O O S T E R G A C
W W N E S S I E A S D T I S G
I H A Y X A P I T L P R N I I
S R T R Y N N I I O O R V A L
U P L O C U M O N E N C T R S
W K U Y T A K S F K T A I O X
V I V A L D I O T R I J M N K
Y E L L O W F I N N A X B O T
U T S J U O D T A G C M E I R
U T A R A C H A R L O T T E X
S A X O N O A E Z U D L P I Q
A R Z E X T O E T N Z S D P P
```

ANYA   RATTE

CARA   RED PONTIAC

CHARLOTTE   ROMANO

DESIREE   ROOSTER

ESTIMA   SANTE

JERSEY ROYAL   SAXON

KERR'S PINK   VIVALDI

MARFONA   WILJA

MARIS PIPER   YELLOW FINN

NICOLA   YUKON GOLD

Wicked

```
V N T Z I H S D L O R A E D G
H B R O A D W A Y E Y Q E R F
E C U P L A N D R L V F E A S
H C T I W D O O G B Y G M Z P
D F O N O L N T R I O R U I U
N S I F D E P S N R N E N W R
O E O Y Q N R G Y R E E C E P
M Z S O E A G M A O S N H H A
A E H S L R A S B M H S K T Y
L N Y V A G O R A E O K I H N
L R A V U R Y A H M R I N R N
I F I I C M O J P A T N L O Z
D T R E Z V Y S L D D H A P S
Y E R T F O L T E A A W N P Z
E Y M L A C I S U M Y F D S O
```

BROADWAY	MADAME MORRIBLE
DEAR OLD SHIZ	MUNCHKINLAND
DEFYING GRAVITY	MUSICAL
DILLAMOND	NESSAROSE
ELPHABA	ONE SHORT DAY
FIYERO	OZIAN
GOOD WITCH	SORCERY
GREEN SKIN	THE WIZARD
GREGORY MAGUIRE	THROPP
LAND OF OZ	UPLAND

Around Washington

```
E N O I T A T S N O I N U A U
T S F R N A I N O S H T I M S
G I U O C I L G L M E T C F Z
A B M O G O S E C O L N O F A
R D S N H G N A X A C E A G Y
D L P W O E Y G B A M N E T E
N T E O L S T B R L N O I A E
Y O N T R L R I O E A D T L S
S R T E R T A E H T S D R O F
H E A G D E E M F W T S I I P
I U G R N I L M E F L O R T A
A J O O B I S U Y H E S M S O
I G N E F I L E B N T J N F L
R P A G O A L R R I Q E R T O
W E M T U D R C A P I T O L L
```

ALEXANDRIA

ARLINGTON

CAPITOL

CONGRESS

FOGGY BOTTOM

FORD'S THEATRE

GEORGETOWN

JEFFERSON

LIBRARY

LINCOLN

METRO

PENTAGON

POTOMAC

PRESIDENT

SENATE

SMITHSONIAN

THE MALL

TIDAL BASIN

UNION STATION

WHITE HOUSE

Snakes

```
R F L A T H E A D O J W L R P
P P O N R P C O A C H W H I P
R P N R R U M B G L O S S Y B
L I G K E K T A T B J Y R L V
E G N I C C F E W L J T A R M
A T O R A E A O L S A C M E U
C S S T R N C R B R K T T D K
L H E L D G T A D S A C L B X
K A O A E N X G T E H C A E U
O R G N L I S R A E P Y S L Y
Q P I D K R I S Y R Y I H L B
Q T D S C P W Q S B T E R Y E
B A N D E D S A N D A E D T E
J I I D P O B L N P C O R N S
E L W E S T E R N R I B B O N
```

BANDED SAND	KIRTLAND'S
BLACK SWAMP	LONGNOSE
BLACK-STRIPED	REDBELLY
CAT-EYED	RINGNECK
COACHWHIP	SALT MARSH
CORN	SCARLET
FLATHEAD	SHARPTAIL
GIANT GARTER	SPECKLED RACER
GLOSSY	STRIPED RACER
INDIGO	WESTERN RIBBON

Well-known Models

```
S Y J U K D X R V L I M A L T
C V N E H C D N U B L C P U O
H N O T G N I L R U T A K M H
U E S E Y M O U R V R M H P C
C H R I S T E N S E N P B O P
S A E Z H K A S S C O B L P S
P M H U I P N Y R R S E O C A
R S P C U G L A I A N L A A V
E B C E I W O Z B W I L Q O O
I T A H W V K V A F K B U L K
N N M T I O O S A O C O R P R
T U O K V F L V U R I F P E U
H H S A B K F A O D D P E V K
B D S I F P L E P J U A I K R
F F Q J E S S I R E L A N D P
```

BANKS	JOVOVICH
BUNDCHEN	KASS
CAMPBELL	KURKOVA
CHRISTENSEN	LIMA
COLE	MACPHERSON
CRAWFORD	MOSS
DICKINSON	PORIZKOVA
HALL	SCHIFFER
HERZIGOVA	SEYMOUR
IRELAND	TURLINGTON

Forts

```
A V A D P I O N U M W K A S S
E G F Y R T S C A M M E L A J
X N U K S T S T H M L Z R A P
R O O A M U D A R D R S E B T
Z S N S T K R C P U P E U O S
S N C K K A M E H A M E H A A
S I H A Z C W U G G N B A S R
V K U S K C A R R A B M U R D
R T R K G Y A J V I O M B L A
Z A C I N N J E S N A O R S L
R V H A V M N U M E D R E V X
T S I I A T H O L S M G Y G Q
P R L W U P U I R R F A H R U
D L L R G T F P S M A N J S U
E R A P H A W K I N S L T O T
```

ATKINSON	KASKASKIA
AUBREY	KNOX
BUENAVENTURA	MONMOUTH
CHURCHILL	MORGAN
DRUM BARRACKS	SCAMMEL
GAINES	SHERMAN
GRANVILLE	TRUMBULL
HAWKINS	VERDE
JAMES JACKSON	WATAUGA
KAMEHAMEHA	ZARAH

All At Sea

```
E R Y R J F R U V S D S S E I
H C T A H E P B L R A R V R X
Q O S F R A N S S B V I O R E
T O D T C P R I T Z I L L X T
S B N I L D S Q L I O I T S P
A U A S C I S T D R F G M O K
M C L A D E I E A E E H R P E
E A S S Y A B V V R W T E L W
R U I L G A E E R A B H A R A
O S T N G H S H R J W O V W H
F S R R M T A Y K G A U A T A
R I N F L A T A B L E S R R D
U U N E L E S S E V U E R P D
T E I F L O A T I N G B U O Y
S L I U D L V T S U L D T A R
```

BAYS

BULKHEAD

BUOY

FLOATING

FOREMAST

HATCH

ICEBERG

INFLATABLES

ISLANDS

LIFE VEST

LIGHTHOUSE

MAINMAST

PORT

RAFT

SAIL

SPRAY

STARBOARD

VESSEL

WATERLINE

WAVES

Boxers

```
A R E I Z A R F E O J J M R S
N L U M U H A M M A D A L I S
U O C R Q O S L C T R M E D T
E Q T O R F T K I V J E O D R
Q R H R L E D U I S S S N I E
M W O D O E C N P A E S S C T
I Y M N M N H R N S N M P K R
K T A P A A N D E Y O I I B O
E O S A G L R E E M J T N O P
T E H L W E D V K I Y H K W N
Y K E A W R C S D W O A S E W
S R A A O M T T I S R T R T A
O P R G M U Y C A L F F E J H
N D N A Y E L S O M E N A H S
N O S N H O J K C A J R Z D Q
```

AL COLE	MIKE TYSON
ANDRE WARD	MUHAMMAD ALI
JACK DEMPSEY	RAY MERCER
JACK JOHNSON	RIDDICK BOWE
JAMES SMITH	RONALD SILER
JEFF LACY	ROY JONES JR
JOE FRAZIER	SAM MCVEY
KEN NORTON	SHANE MOSLEY
LEON SPINKS	SHAWN PORTER
MARVIN HAGLER	THOMAS HEARNS

Native American Languages

```
U R P S P W X F L U B Z K L B
I P B E A V E R K R T I L H M
K I O J S P N T E K P K R S A
O H A I D A R A K I R A C A O
L I K R O S B I I S R K D M C
R P S I T O D N K H I R N U B
E W A T E U V O J O S L A H R
O H K S S F S T W T S U T C C
Y J C A E O N A L I M C C X C
J N Y E W S J D P I Z J H A R
F T C E T A P A P I N X E V M
A J F I V O R T V L N G Z A H
R V B C M A P A K A T A I N Y
R O C O I D L A N I N A Y T S
T V O X U S R S Z S D O J E B
```

APINAYE	KIOWA
ARAWAK	MACUSHI
ARIKARA	NATCHEZ
ATAKAPA	NAVAJO
BEAVER	POMO
CARIB	SLAVEY
CARRIER	TAINO
CHUMASH	TLINGIT
HAIDA	XAVANTE
KASKA	ZAPOTEC

Parts Of A Car

```
L H S Y R E T T A B Z F R W T
R A D I A T O R J E O E I I D
T P V W E S S R J G P N G U L
I L Q F A N B E L T D D R R E
B K E J V L O I R S T E P F R
R S N B R O G I H D L R T A C
A T E A T H G I L D A E H S I
K H Q N T A E A E P O E E P S
E G U A G L E U F E U P H H V
P I D J D I E S E P U M H S W
E L F O O R N U S B U M P E R
D L Y A G I G E F Q P A S G E
A I O O D E L S G T Q C T W E
L A D T U S P O I L E R E K R
E T F A H S M A C Y F L O E U
```

BATTERY	HEADLIGHT
BRAKE PEDAL	HEADREST
BUMPER	OIL PUMP
CAMSHAFT	RADIATOR
ENGINE	SEAT BELT
FAN BELT	SPOILER
FENDER	SUNROOF
FOG LIGHT	TAIL LIGHT
FUEL GAUGE	WHEELS
FUEL TANK	WINDSHIELD

The Chief Justice

```
Y A J N H O J U S T I C E S N
T P P E R U N E T E F I L U O
R O G E R T A N E Y S R K S S
U M O R R I S O N W A I T E N
O T E N O T S N A L R A H G I
C P Y C H I E F J U D G E D V
E V F E D E R A L J U D G E D
M F S A L M O N C H A S E L E
E J O H N M A R S H A L L T R
R E G R U B N E R R A W A U F
P P T E A R L W A R R E N R N
U J O H N R O B E R T S O N Z
S S T F A T M A I L L I W H K
E T I H W D R A W D E V V O R
Z L C S E N I O R I T Y C J T
```

CHARLES HUGHES	JOHN RUTLEDGE
CHIEF JUDGE	JUSTICES
EARL WARREN	LIFE TENURE
EDWARD WHITE	MORRISON WAITE
FEDERAL JUDGE	ROGER TANEY
FRED VINSON	SALMON CHASE
HARLAN STONE	SENIORITY
JOHN JAY	SUPREME COURT
JOHN MARSHALL	WARREN BURGER
JOHN ROBERTS	WILLIAM TAFT

A Cup Of Coffee

```
G R S Y Z O U E R H A D P R U
R O B U S T A P E A M O E G S
E Y R R Y U F P T C E U E C T
E E A O X R T A L I R B H A I
K E R M N K S R I B I L X R N
D E T A N I E F F A C E D K Z
P T E C B S C Z R R A S T C C
A I J C F H Q C P A N H H A S
V H R H W L I W U R O O L L T
A W N I H N S P R P L T O B R
O H I A S O S S E R P S E N L
N M C T A H O S P Y L A C R C
G A A O U W L E P I N L C D T
U N W I M X U J L S O E V U L
T K L S P O L T L L L V A T T
```

AMERICANO	FRAPPE
ARABICA	GREEK
BEANS	ICED
BLACK	INSTANT
CALYPSO	IRISH
CAPPUCCINO	MACCHIATO
DECAFFEINATED	MOCHA
DOUBLE SHOT	ROBUSTA
ESPRESSO	TURKISH
FILTER	WHITE

Types Of Cactus

```
L W P S T R A W B E R R Y U O
E D R E V A S E M J B P P D I
E E I E L P P A E N I P I R T
S V C P H E D G E H O G N A O
S I K W U R R L A A Y C C E D
A L L O H C N R O H K C U B A
G C Y V R E T H A B O B S S K
U H P K E G E E U B S X H N L
A O E O O R A L R Y Y S I O O
R L A D M O C N C A O D O R P
O L R I Z Z H H P A L A N A D
P A T L G D L H O I C C G A Y
A P B M G V L F S L P T E N C
Q B E A V E R T A I L E U O H
M E R O H P A M E S F A R S P
```

AARON'S BEARD	ORGAN PIPE
BEAVERTAIL	PINCUSHION
BUCKHORN CHOLLA	PINEAPPLE
CANDY BARREL	POLKA-DOT
CLARET CUP	PRICKLY PEAR
DEVIL CHOLLA	SAGUARO
FISHHOOK	SEMAPHORE
HEDGEHOG	SILVER CHOLLA
HERMIT	STRAWBERRY
MESA VERDE	WHEEL CACTUS

At The Theater

```
P L A S E M U T S O C N R I E
G P P R S D U N Q N S F O W L
C J R R T P P I T S L O T W E
T T O R O S O T R V S O C Z G
S R M T G T E T A O D T E C A
M E P Y N C A H L S T L R N T
K Q T Z C E E G C I E I I U S
A E A E U F M E O R G G D R K
Y I Q R R F N E X N O H I U C
T T R T T E E H U Z I T T W A
U B L A A D A C T O R S L O B
T K T S I N O G A T N A T A S
P A L I N U E E T S L E K O H
O W P D P O R D K C A B D E Q
P D R E S S R E H E A R S A L
```

ACTORS	DIRECTOR
ANTAGONIST	DRESS REHEARSAL
ARIA	FOOTLIGHTS
ASIDE	ORCHESTRA
AUDITORIUM	PROMPT
BACKDROP	PROTAGONIST
BACKSTAGE	RAKE
COSTUMES	SCENE
CURTAIN	SOUND EFFECTS
DENOUEMENT	SPOTLIGHT

The Everglades

```
K V S E E R T E N I P I R R A
T I Z N O I T A V R E S N O C
S T S E R O F E V O R G N A M
U T P S R E U E V H I S S L R
N L M S I U F X I A I E O B H
F A A E S M T G S Y U H S L A
I S W C T G M L N T G S E U M
S D S D I S A E U I R R E E M
H N S A N P Y P E C B A G G O
A A S D R A O S R R I M A I C
F L E I I G L R O A I R I L K
Z T R R A S W K T C I V G L S
C E P O R I G A C B E R E A C
R W Y L L O M H S O U L I R C
A U C F T R W A T E R S H E D
```

AGRICULTURE

BLUEGILL

CLIMBING FERNS

CONSERVATION

CYPRESS SWAMPS

ECOSYSTEM

FLORIDA

HAMMOCKS

KISSIMMEE RIVER

MANGROVE FOREST

MARSHES

MOLLY

PINE TREES

PRAIRIE

ROCKLAND

SAWGRASS

SUBTROPICAL

SUNFISH

WATERSHED

WETLANDS

Airlines

```
U E Y L M I C H Z G B T O L R
N O N B G Z R A E F H R T H O
I I M A N O Z I R O H L A D U
T Z S I C Z N O R T H W E S T
E C O N T I N E N T A L A K N
D O S T O T R K Q I T I I Y A
B M P S I C S E I A R X J W I
T A I E J A S A M W O L D E G
K I R W O K N I A A T F I S E
P R I H U A Z Y W D X E M T L
R S T T E J S S E R P X E R L
X R R U E L C A N N I P B S A
Q G X O F C O L G A N A I R D
N A K S A L A A A P U T C N E
P W H Y A T L S R E V O V Y Q
```

AIR WISCONSIN	FRONTIER
ALASKA	HAWAIIAN
ALLEGIANT	HORIZON
AMERICAN	NORTHWEST
BEMIDJI	PINNACLE
COLGAN AIR	SKYWEST
COMAIR	SOUTHWEST
CONTINENTAL	SPIRIT
DELTA	UNITED
EXPRESSJET	US AIRWAYS

In The Mall

```
X C H U C B T V E U M R S N R
K S A N I H H I K S I E I E F
P T O S O F A S J P T L S R A
Q N R S H S C I X O P L T O C
R A P U I I D T N H O E C T I
O R A O O L E O A S U S U S L
T U R U H C E R O U T K D Y I
A A K T M S D S A G L O O R T
V T I O V J S O C O E O R L I
E S N F F S U E O A T B P E E
L E G S A Z E H H F L W F W S
E R O T S T N E M T R A P E D
G L A O O I P C R S O P T J R
D I S C O U N T S Q R L A O P
W A L K W A Y S S S B N C T R
```

BOOKSELLER	GOODS
CASHIER	JEWELRY STORE
CHAIN STORES	OUT OF STOCK
CLOTHES SHOP	OUTLET
DEPARTMENT STORE	PARKING
DISCOUNTS	PRODUCTS
ELEVATOR	RESTAURANTS
ESCALATOR	SHOPS
FACILITIES	VISITORS
FOOD COURT	WALKWAYS

Major Airports

```
T C L T N I S E L L U D H D C
R E T L P I B S C X M J E P H
Q O N T K T O P L A E S C M I
A R I N A L B O T J M X H C C
A L H I N T H K N O P W I C A
I A G O S N O A I H H I C A G
D N R G A I P N R N I L A R O
R D U E S A E E E W S T G R M
A O B I C S A I V A I N O A I
U I S D I L O N N Y N I O N D
G N T N T U R T E N T I H I W
A T T A Y T T L D E L M A N A
L L I S X L A I N T L A R T Y
W E P P L E Y A I R F I E L D
J F K I N T L L R T S M A A I
```

BOB HOPE	LA INTL
CHICAGO MIDWAY	LAGUARDIA
CHICAGO O'HARE	MCCARRAN INTL
DENVER INTL	MEMPHIS INTL
DES MOINES INTL	MIAMI INTL
DULLES INTL	ORLANDO INTL
EPPLEY AIRFIELD	PITTSBURGH INTL
JFK INTL	SAN DIEGO INTL
JOHN WAYNE	SPOKANE INTL
KANSAS CITY	TULSA INTL

Sports

```
O Y L R U O X T S Y P H D R Y
O T R W U L X T U F T D A I J
G I R E Q E L G R A L P U E L
W B S A A L L A B T O O F S C
D I A H C L X C B O L O G U Y
T K A S S K T J Y E W L M R C
I I U S K X A E T C S L T F L
R N T G I E R T N U R A I I I
E G O I I M T S H N A O B N N
C Y R I N L K B S L I K T G G
C E A L G N I C A R E S R O H
O K C S O F T B A L L T P U M
S C I T E L H T A D L E ! F S
R O N U R L I S V V V X V U C J
V H G N I N N U R O A U O T S
```

AUTO RACING

BASEBALL

BASKETBALL

BIKING

BOWLING

CYCLING

FIELD ATHLETICS

FOOTBALL

GOLF

HOCKEY

HORSE RACING

MOTORCYCLE

POOL

REAL TENNIS

RUNNING

SKIING

SOCCER

SOFTBALL

SURFING

TRACK ATHLETICS

The White House

```
G J S L A C I S S A L C O E N
E N O T S D N A S A I U Q A A
C R I H A O F F I C I A L L N
I O O D N T N E D I S E R P A
F M M O L A E T N E M E S A B
F D O P S I D F K O R O F E O
O R W O L E U A L S C V A T H
L E E P R E V B M O Q E P T S
A S S A S T X E S S O X G I E
V I T T T H E B L U E R O O M
O D W A S H I N G T O N D C A
S E I R O T S X I S R M S N J
V N N P J R M J K B X O A T S
T C G A G N I W T S A E O F Q
N E R Q W O R K P L A C E M G
```

AQUIA SANDSTONE	OVAL OFFICE
BASEMENT	PRESIDENT
CABINET ROOM	RESIDENCE
COMPLEX	ROOSEVELT ROOM
EAST WING	SIX STORIES
FAMOUS BUILDING	STATE FLOOR
JAMES HOBAN	THE BLUE ROOM
JOHN ADAMS	WASHINGTON D.C.
NEOCLASSICAL	WEST WING
OFFICIAL	WORKPLACE

Archery

```
T S B O B S O Y A L R B V S E
R T B O R Y W G R O L E U I Y
T T T F W W S N H T Q H C I K
Q K L T B M P R R A R R O W S
S Q I D S T A E Y E S L L U B
R G U D O M I N A N T E Y E R
U F N I W O B D N U O P M O C
Q T L I V O A D W N O J P I V
T F A E R E T T U C E N I L H
A A R R T T R K B O U N C E R
U H C D G C S O V A N E S A G
R S H D A E H W O R R A P U V
L U E L A S T I C U F U O C M
W M R D N A H G N I W A R D L
Y F E R D V F I N G E R T A B
```

ARCHER	FINGER TAB
ARROWHEAD	FLETCHING
ARROWS	LINE CUTTER
BOUNCER	OLYMPIC SPORT
BOWMAN	QUIVER
BULLS EYE	RINGS
COMPOUND BOW	SHAFT
DOMINANT EYE	STRING
DRAWING HAND	TARGET
ELASTIC	VANES

Hiawatha

```
A C T T V X X L V T T Q X B E
W K T M O H A W K U Q A P V A
L S U T S N S I S C S V C K G
U D F N L D O C H A R I S M A
N A T I V E A M E R I C A N D
I E U P V R B E W H O B L H N
F B R A O E M A B S R T E R O
I E P R F S N Y H E E R A D N
C T A T U H J A T T L N D R O
A I A Y E N W A T H A P E O O
T H S I O U Q O R I O W R C O
I W H U U A D I E N O L A U A
O R E T R A D I T I O N O I P
N R H J M S I L O B M Y S G H
A S C A Y U G A S T R T L L Y
```

AYENWATHA	ONEIDA
CAYUGA	ONONDAGA
CHARISMA	ORATOR
FIVE NATIONS	PURPLE BEADS
HIAWATHA BELT	SENECA
IROQUOIS	SYMBOLISM
LEADER	TRADITION
MOHAWK	TUSCARORA
MYTHOLOGY	UNIFICATION
NATIVE AMERICAN	WHITE BEADS

Ifs And Buts

```
P R E S U M A B L Y T T E Z U
Y R E L B I S A E F R R L Y V
L E A S S U M I N G E W B Y B
G Y L C P C K A V K A R A L P
N L P B T R R A G S S E N B O
I T M U A I O E A I O B I A S
M N H A H V C B D P N Y A V S
E E T R T J I A A I A A T E I
E I D H D I A E B B B M B I B
S D V R E S W D C L L L O L L
G E N O T E A P A N Y Y E E Y
A P L D N O V A U N O O R B W
S X S P A H R E P N J C F X X
X E W D R O E C N A H C R E P
I M Z V G D O U B T L E S S T
```

ASSUMING

BELIEVABLY

CONCEIVABLE

CREDIBLE

DOUBTLESS

EXPEDIENTLY

FEASIBLE

GRANTED THAT

IMAGINABLY

IN THE EVENT

MAYBE

OBTAINABLE

PERCHANCE

PERHAPS

POSSIBLY

PRACTICABLY

PRESUMABLY

PROBABLY

REASONABLY

SEEMINGLY

The Wizard Of Oz

```
P D M S C A R E C R O W O A L
W A U S H S M E T N U A W E I
I O A A S P T I G C L P P J M
C R B S R E P P I L S Y B U R
K K K N T C M Y H T O R O D A
E C N A I I P U R A R B R Y F
D I A K T A N R N J D V Y G R
W R R I J L R M D C Y N F A A
I B F A E E A E A B H A I R R
T W L Q L F A T H N N K I L I
C O B R E F T P T T X U I A G
H L B M U E Y G A O R S S N S
S L I Z S C S S U T Z E S D Q
D E I O S T Y O X O O D V H L
W Y A P N S S L A N D O F O Z
```

AUNT EM	MUNCHKIN
DOROTHY	OVER THE RAINBOW
FANTASY	RAY BOLGER
FARM	RUBY SLIPPERS
GLINDA	SCARECROW
JUDY GARLAND	SPECIAL EFFECTS
KANSAS	TIN MAN
L. FRANK BAUM	TOTO
LAND OF OZ	WICKED WITCH
LION	YELLOW BRICK ROAD

Weather Words

```
E P W I G X O N F L P F M I V
D A F P K P F Y O Z W A Y T N
R U L F P O E G M I Y H L C X
O T O J L L E L C I T L R H R
U C O L Q L Z O U L I M B A T
G A D H C U E B B T D L S I M
H L T H R T E A S F I A N L Z
T T E F U I R L K Z M C I I J
H I E E S O B W Z U U G S R F
U T L U M N O A F P H Y L H R
N U S E T L R R Q T T J V F O
D D T N K D E M N E Q O I U P
E E O G O E G I J I A L H E M
R E R U Z W N N A V A L B L A
P D M E W G N G O U E R Y L Y
```

ALTITUDE	HAIL
BAROMETER	HUMIDITY
BLIZZARD	LIGHTNING
BREEZE	POLLUTION
CALM	RAIN
CLOUD	SLEET
DROUGHT	SNOW
FLOOD	STILL
FREEZE	STORM
GLOBAL WARMING	THUNDER

Conflict

```
P A A A A W Y Q A Y F C T B A
T T F R S R E T N U O C N E B
F C O L L I S I O N A E O D T
Y R L A V I R Q T P D S I I N
T T A R G U M E N T W I T S E
T U I C K A N T A G O N I S M
E U L L A T D U R A R V T E E
T X G D I S S I D E N C E N G
A V E O U T E M S O A B P S A
B R N F F K S D K P B A M I G
M S P F I W S O D Y U T O O N
O L V V L R A T H R D T C N E
C O N T E S T R U G G L E O H
M F U T Q M H S A L C E D O W
E G Y F Q P V R B U Y T S A T
```

ANTAGONISM

ARGUMENT

BATTLE

CLASH

COLLISION

COMBAT

COMPETITION

CONTENTION

CONTEST

DISPUTE

DISSENSION

DISSIDENCE

ENCOUNTER

ENGAGEMENT

FRACAS

HOSTILITY

RIVALRY

STRIFE

STRUGGLE

TUG-OF-WAR

Numbers

```
T I L L A F H R I L N E V E V
V F L O A T I N G P O I N T G
S B K A N H E I M R S G U I K
Z T L P N O I L L I B T O M N
R C T T T U I A A M W R I O Y
Y V H I W S I L L E J L K T G
B S G U E A P P L H L P H R U
G S I P N N O V Y I W I F T A
W L E A T D E Q O N R I I O R
K O B S Y R R N H T V T L C H
U S A F I T H E Y E Z O A O H
R I C P A X W K D G E T N A C
T E A O C K T H R E E K R A P
R U O F I F T Y Y R X D C W T
C R R S Q T E T R T E T I S S
```

BILLION	MILLION
EIGHT	NINE
EVEN	PRIME
FIFTY	SIXTY
FIVE	THIRTY
FLOATING POINT	THOUSAND
FOUR	THREE
GOOGOL	TRILLION
HUNDRED	TWELVE
INTEGER	TWENTY

Mad Men

```
H  J  A  R  E  D  H  A  R  R  I  S  G  U  X
W  B  A  M  R  E  M  M  O  S  H  C  I  R  T
O  R  M  N  E  W  Y  O  R  K  C  I  T  Y  I
H  Y  G  F  U  O  T  R  M  L  D  R  A  M  A
S  A  L  V  M  A  G  G  I  E  S  I  F  F  A
N  N  R  T  E  S  R  O  M  T  R  E  B  O  R
O  B  W  P  E  G  G  Y  O  L  S  O  N  U  O
I  A  M  M  A  H  N  O  J  J  B  N  M  L  N
S  T  E  R  L  I  N  G  C  O  O  P  E  R  S
I  T  Y  R  E  T  T  A  L  S  N  H  O  J  T
V  L  B  E  T  T  Y  D  R  A  P  E  R  E  A
E  L  I  S  A  B  E  T  H  M  O  S  S  H  T
L  M  D  O  N  D  R  A  P  E  R  H  S  E  O
E  U  N  E  V  A  N  O  S  I  D  A  M  P  N
T  P  U  E  B  O  L  G  N  E  D  L  O  G  E
```

AARON STATON	JOHN SLATTERY
BETTY DRAPER	JON HAMM
BRYAN BATT	MADISON AVENUE
DON DRAPER	MAGGIE SIFF
DRAMA	NEW YORK CITY
ELISABETH MOSS	PEGGY OLSON
EMMY	RICH SOMMER
GOLDEN GLOBE	ROBERT MORSE
JANUARY JONES	STERLING COOPER
JARED HARRIS	TELEVISION SHOW

Jack Nicholson

```
P C R E D I R Y S A E R I B P
C H Y K S U D D U B Y L L I B
Z A S G O O D A S I T G E T S
F R A N C I S P H E L A N Z P
N L L I E N O E N E G U E R L
S E C E I P Y S A E E V I F R
C Y M I R O N W E E D Z N E T
H P R D U G O S S Y Z N D O Y
I A E B O G N I N I H S E H T
N R C A B O U T S C H M I D T
A T U T T E G H O F F A P W A
T A D M I S O W N E W Y O R K
O N O A T N T H E B O R D E R
W N R N O T V U W F G I V E X
N A P R T H E D E P A R T E D
```

A FEW GOOD MEN

ABOUT SCHMIDT

AS GOOD AS IT GETS

BATMAN

BILLY BUDDUSKY

CHARLEY PARTANNA

CHINATOWN

EASY RIDER

EUGENE O'NEILL

FIVE EASY PIECES

FRANCIS PHELAN

HOFFA

IRONWEED

NEW YORK

PRIZZI'S HONOR

PRODUCER

REDS

THE BORDER

THE DEPARTED

THE SHINING

Law & Order

```
P N Y T K E R O L F N N A D S
N O E R H C A B R O Y R R E J
O I N D U O J V S R I A T T T
G T R I V J O R C B N Q A E Q
P U O C V F Y Y T R V J G C T
T C T K O R R B E V E T U T N
Y E T W I U O B L R S T U I E
E S A O S X N S E A T V G V R
C O R L F I U M L E I J T E U
I R U F V S Y T R U G R T S B
L P U E P S M A N H A T T A N
O M K E I F N I X M T P L E A
P M C S T E V E N H I L L V V
A T T W C H R I S N O R T H P
S O G N I N N U R G N O L L I
```

ATTORNEY	KEVIN BERNARD
CHRIS NORTH	LONG-RUNNING
CUTTER	MANHATTAN
CYRUS LUPO	PAUL SORVINO
DANN FLOREK	POLICE
DETECTIVES	PROSECUTION
DICK WOLF	STEVEN HILL
INVESTIGATION	SUSPECTS
JEREMY SISTO	TRIAL BY JURY
JERRY ORBACH	VAN BUREN

See The Animals

```
U E U S L E D I U F A N O I Y
L A F O F W E L E P H A N T O
S F X F G T A I A B B A A Q O
P N A Y A O C T I M O N T X C
A W Z S T R H O Z L B T U J S
N I T T G T I D Y Q C E G S G
D L E E G O M G N O A A N C D
A R L R T I P H Q U T T A O A
E D A A L S A O M T O E R R I
U R P Z M E N I P U C R O P O
K K Q A I A Z N P T D H G I S
R N P E W L E J G D P K T O S
E I T E K I E R N G I H I N S
E M A R M O S E T K S A V I T
S F T Z E N I M R E I P S O T
```

ANTEATER

BOBCAT

CHIMPANZEE

COYOTE

ELEPHANT

ERMINE

GIRAFFE

GROUNDHOG

LAMB

LIZARD

LLAMA

MARMOSET

MINK

ORANGUTAN

OTTER

PANDA

PORCUPINE

SCORPION

SEA LION

TORTOISE

NASCAR

```
L I P X K U R T B U S C H J H
Y R A C K C O T S T Y T O I N
A U T O R A C I N G D M C M I
W S I S H C S U B E L Y K M B
D A L E E A R N H A R D T I I
E E T E F O T R A C K S L E J
E R R E Y W O B T N I L C J E
P E T L J N O I S U F D R O F
S Y D A L E J A R R E T T H F
S T O Y O T A C A M R Y P N G
A H C A E B A N O T Y A D S O
S D O D G E C H A R G E R O R
N Y A W D E E P S A W O I N D
A G K W S P R I N T C U P W O
K D T R A W E T S Y N O T U N
```

AUTO RACING	JIMMIE JOHNSON
BILL FRANCE SR	KANSAS SPEEDWAY
CLINT BOWYER	KURT BUSCH
DALE EARNHARDT	KYLE BUSCH
DALE JARRETT	SAFETY
DAYTONA BEACH	SPRINT CUP
DODGE CHARGER	STOCK CAR
FORD FUSION	TONY STEWART
IOWA SPEEDWAY	TOYOTA CAMRY
JEFF GORDON	TRACKS

Visiting Vermont

```
Y L R T E H J O X H L Z Y D C
G X A I G B S L B A S Y Z I H
C R P K R S N O T L I M Q I A
S V M S E N N E G R E V T X M
C R M O E C S A N L O R A E P
M O S O N L H Z E O G P G S L
A S D N M T S A X L S L W S A
H D N I O Z P I M Z R I T E I
D N A W U E C E D P H O D A N
N I L K N A R F L N L B P D V
I W T T T R U T A I A A U L A
W Y U T A A B E T S E R I D L
B U R L I N G T O N Z R G N L
M T M A N S F I E L D E C X E
A J L T S T A L B A N S O S Y
```

ADDISON	MONTPELIER
BARRE	MT. MANSFIELD
BURLINGTON	NEWPORT
CHAMPLAIN VALLEY	ORLEANS
ESSEX	RUTLAND
FRANKLIN	ST. ALBANS
GRAND ISLE	VERGENNES
GREEN MOUNTAINS	WINDHAM
LAKE CHAMPLAIN	WINDSOR
MILTON	WINOOSKI

Things You Collect

```
S R I G V V A L T I R F Z C L
L T C T P N L U A T A S N W H
Z A I A U Y I H A T S L E J R
L A V C M T F A R E D L S A G
B Z S I K E A Q L S R E R I E
A A E T D E R G H E A H E G H
R N L S C E R A M I C S T Z V
T W T R G L O S S S L R S O K
W G T I U N O G K F L B O S A
O T O N Q A I C A R A O P P Y
R W B E M U O T K M B O H O S
K P R V F R E V N S E K N O T
O Q P U V M R S S I S S L N U
T U T O A U T O G R A P H S R
X K S S S N O T T U B P L R S
```

ANTIQUES	HATS
ARTWORK	PAINTINGS
AUTOGRAPHS	PORCELAIN
BASEBALL CARDS	POSTERS
BOOKS	ROCKS
BOTTLES	SHELLS
BUTTONS	SOUVENIRS
CAMERAS	SPOONS
CERAMICS	STICKERS
CLOCKS	VIDEO GAMES

Fabrics And Materials

```
Y M G W A K K G F R L T R P S
A H S E C E E L F J L P E P Z
I E S G T B A R I U L A X U R
V Q A Z N A G R O S G O K F M
S D A C L O T H W I J T E M G
C M O O P O O E N P W L T A K
V Q I F T O X G C O T T O N Y
U E Q N N S H O O A T Z T X X
R A D I E A R L C H I N T Z Q
R A N E M D I I A I F V R W Y
R M W V U P L S P C L S E J T
P A P R S S A Q S T E A U L R
F S O S L T L I N E N S C I A
E Y P R I N O F F I H C E R T
O Z Y N N V I R L S X T T Y F
```

ACETATE	GINGHAM
CALICO	HESSIAN
CHIFFON	LACE
CHINTZ	LINEN
CLOTH	MUSLIN
CORDUROY	ORGANZA
COTTON	SATIN
DENIM	SILK
FELT	SUEDE
FLEECE	WOOL

Robots And Automata

```
V A O Y T I R E T X E D T O D
R J C K T A L G O R I T H M S
N O K O L I S S E N E R A W A
O I B S N Y L B M E S S A A U
I N D U S T R I A L R O B O T
T T I D C C R U B P P H R F O
A E O I I Y I O M I O F U Q N
L D N O T G B N L A X T M I O
U A A R A S E O O D U E A W M
M R M D M P E N R R E T L E O
I M U N E E G N I G T V S F U
S L H A N Q S S S H T C I E S
B R Q O I P T B K O C Q E C M
I A K I K I P R O G R A M L E
D O S S C I M A N Y D T M P E
```

ALGORITHMS

ANDROID

ASSEMBLY

AUTONOMOUS

AWARENESS

CONTROL DEVICE

CYBORG

DEXTERITY

DYNAMICS

ELECTRONICS

FLEXIBILITY

FUTURISTIC

HUMANOID

INDUSTRIAL ROBOT

JOINTED ARM

KINEMATICS

MACHINE

PROGRAM

SENSOR

SIMULATION

Superheroes

```
F C T J T S A E B M P D J I E
S A A L U H N N A T I B M A G
I P N P V B E A L J A G I K A
V T A T T Y I P M Q R H G S R
B A S T A A C L H E I O H P I
T I E O M S I Y E A C R T I M
S N N N H U T N C E N I Y D W
U A R A I G A I M L L T M E A
P M N M M R E O C A O E O R A
E E N N R T E C D F R P U M O
R R S O I O A V A M O V S A R
M I W R L R T B L P L U E N J
A C C I J X F S T O S E R L C
N A M O W R E D N O W E U Z N
R I A T U H F P L A S T P E N
```

BATMAN	JUBILEE
BEAST	MIGHTY MOUSE
CAPTAIN AMERICA	MIRAGE
CAPTAIN MARVEL	SPACE GHOST
CYCLOPS	SPIDER-MAN
FANTASTIC FOUR	STORM
GAMBIT	SUPERMAN
GREEN ARROW	THE PHANTOM
ICEMAN	WOLVERINE
IRON MAN	WONDER WOMAN

School Subjects

```
E P B L S Z M I S K U W U C E
A A S A P H Y S I C S I Y N E
Y G O L O H C Y S P G L G Z R
R I C G O F O E T E N L O Y D
I W I E K J N T O J I J L R D
B U O B W C W G O S W C O T N
U U L R L O R U H G A A I S L
S L O A R A R G H O R L B I P
I I G I P N R I F F D A Q M Z
N T Y H A A S R D V D T P E S
E L Y L M T E S P A N I S H P
S C I M O N O C E U A N N C Y
S S A R C G E O M E T R Y O S
M R Y H O E R U T A R E T I L
E C N E I C S H T R A E P J C
```

ALGEBRA	GEOMETRY
ART AND DRAWING	HISTORY
BIOLOGY	JOURNALISM
BUSINESS	LATIN
CHEMISTRY	LITERATURE
EARTH SCIENCE	PHOTOGRAPHY
ECONOMICS	PHYSICS
ENGLISH GRAMMAR	PSYCHOLOGY
FRENCH	SOCIOLOGY
GEOGRAPHY	SPANISH

Aromatherapy

```
S S Y L T E R A C N I K S S A
R L L L A X O P S B A U R A I
T S I I H H S N O I S U F N I
S E O O O H E A L T H A H C V
U T T R C L W R M T R A H W D
U L I E I I A G B B L A C O A
A I U I T L T I P A M L O M A
B O R R U K E A T O L M M A L
T N F R E T R I M N A Y P S L
T O E A P X O I S O E L R S B
B M P C A N L D S I R S E A W
T E A T R E E O I L C A S G W
T L R S E T U L O S B A S E N
P P G U H V A P O R I Z E R R
T R E A T M E N T U T D S U D
```

ABSOLUTES	INHALATION
AROMATIC OILS	LEMON OIL
CARRIER OIL	MASSAGE
CHAMOMILE	MOOD
COMPRESSES	ROSEWATER
ESSENTIAL OILS	SKIN CARE
GRAPEFRUIT OIL	TEA TREE OIL
HEALTH	THERAPEUTIC
HERBAL	TREATMENT
INFUSION	VAPORIZER

The Big Cats

```
R D D Y R U C S U P A W P T U
E R R E G I T N A Y A L A M O
G A R A N N N O I L U Q J C J
I P E E P D I K C A R A C A L
T O G G Z O P R W E G A V R S
N E I O P T E P A U L A A N Z
A L T X R A L L A O N O O I Q
R N L O E C N R D L R W T V H
T A A Z D B B T E E L O A O A
A I G G A O G O H E D W J R T
M D N T T B P E O E P U P E E
U N E Z O A A P S P R F O S E
S I B E R I A N T I G E R L H
J P Y D S R A G U O C S R I C
R T A C D E L B R A M P S O P
```

BENGAL TIGER	LION
BOBCAT	MALAYAN TIGER
CARACAL	MARBLED CAT
CARNIVORES	OCELOT
CHEETAH	PANTHER
CLOUDED LEOPARD	PREDATORS
COUGAR	ROARING
INDIAN LEOPARD	SIBERIAN TIGER
JAGUAR	SNOW LEOPARD
JAVAN LEOPARD	SUMATRAN TIGER

Speed Skaters

```
K V F G A M D A N J A N S E N
J E C R G N A I S Z B A R R I
M A N K C N N R L R N T K I E
C I C B O H U E Y N T V C C L
L B A K A N R O H D C W B H K
A S O L S R E I Y E O I O E T
Y M I N F H T D S A N C U I I
M A I W N C E H I W L N T D K
U R E A D I I A O E I I I E L
L I E R G R E R Z L H T E N R
L A N D Y G A B E L O H T H G
T L E A H P O U L O S M T Y S
L A I R V I N G J A F F E E X
I M S H A N I D A V I S Y W B
S B D B D E R E K P A R R A U
```

ANDY GABEL

ANNE HENNING

BETH HEIDEN

BONNIE BLAIR

CHRIS WITTY

CLAY MULL

DAN JANSEN

DEREK PARRA

ERIC FLAIM

ERIC HEIDEN

IRVING JAFFEE

JACK SHEA

KC BOUTIETTE

KEN BARTHOLOMEW

KIT KLEIN

LEAH POULOS

MARIA LAMB

MARY DOCTER

SHANI DAVIS

SHEILA YOUNG

State Capitals

```
I O G N I S N A L S D L B S U
I S L E H C A N N A P O L I S
R C S F S O S C T R S Y T R E
R K I A J I M T R E S T G C O
Q A A T S U G U A A I I T I A
S Z M N N S F T Z M M C X H U
S F B A T O N R O U G E I A L
K R A S K A T N R R D K N R U
B A I L L E T S S O O A E T L
T N S T B G P Z E Q V L O F O
J K A N O T S O B L E T H O N
G F L M E J R I T S R L P R O
A O E G R U B S I R R A H D H
R R E D E S M O I N E S H D X
Y T A G G R B T O T L I T C Q
```

ANNAPOLIS

ATLANTA

AUGUSTA

BATON ROUGE

BOISE

BOSTON

CHARLESTON

DES MOINES

DOVER

FRANKFORT

HARRISBURG

HARTFORD

HONOLULU

LANSING

MONTGOMERY

PHOENIX

SACRAMENTO

SALT LAKE CITY

SANTA FE

TOPEKA

Bricks And Mortar

```
G S C A B I N E T S A F E T Y
N R S G R F G E N Z W D T A I
I O O C N C O N C R E T E E Q
P T I O A I H P T T E M L E H
A C R T F F D I L R J E I S E
C A E O C E F L T A V N S U O
S R T R T U R O I E S S M O R
D T N M A A R S L U C T D H Z
N N I T R R V T L D B T E D I
A O A Y T D I A S F I I A R M
L C P L D R T I C N X N I A U
U U L L I I O R H X O S G Z F
S P K P O F G W S S E C S A K
H R S N O I T A D N U O F H I
T J E L I A Y Y L D H C B I Z
```

ARCHITECT	HOUSE
BUILDING	INSULATION
CABINETS	LANDSCAPING
CONCRETE	PAINTER
CONSTRUCTION	PLASTER
CONTRACTOR	ROOFER
EXCAVATOR	SAFETY
FOUNDATIONS	SCAFFOLDING
HAZARD	SPIRIT LEVEL
HELMET	STAIRWAY

Famous Bridges

```
N E B A B E N Y L K O O R B S
R K R X K U T A P A Q P R X T
S W O R R A N A M O C A T R L
T A N I O O S A G G B S R M E
O L X I H D Y H T N N L V V B
R T W F A C A A I T E I A I T
E W H O J T C S L K A D S P A
B H I R T V N E S G A H L T E
A I T T O L D U V A O I N O R
E T E H T G A Z O E B R K A G
L M S R X Y S I S M T M G Y M
T A T O R R G N R A R N A E O
P N O A N R E V E S E A O J A
K Z N D C A N I K C A M E P R
S R E U P G N A U H K I Y B R
```

AKASHI KAIKYO	MANHATTAN
AMBASSADOR	PONTE VECCHIO
BEAR MOUNTAIN	RIALTO
BRONX-WHITESTONE	ROYAL GORGE
BROOKLYN	SEVERN
FORTH ROAD	STOREBAELT
GOLDEN GATE	TACOMA NARROWS
GREAT BELT	THROGS NECK
HUANGPU	TSING MA
MACKINAC	WALT WHITMAN

The Environment

```
G X T L E P A A V V O R H G L
C R R G M J E E N E R G Y Z E
I T E E R O X Y G E N L O H
A T T E S O M S O T A I R R H
R U A U N O G U O T O V O N L
P I W A V E U R U E N I H V R
P E I T E C G R A U P L P O Q
Z R R M G O A O C P S H C T C
Z E N O E L I U R E H K Q M P
O H O S T O R N A T S Y L R N
E P B P A G Z D C L I M A T E
F S R H T Y A I H U S N T J T
H O A E I A A N E M O N E H P
M I C R O O R G A N I S M S B
T B U E N K S S A E L H S A A
```

ATMOSPHERE	NATURAL
BIOSPHERE	NITROGEN
CARBON	OXYGEN
CLIMATE	PHENOMENA
ECOLOGY	RESOURCES
ENERGY	ROCKS
GEOGRAPHY	SOIL
GREEN	SURROUNDINGS
LIVING	VEGETATION
MICROORGANISMS	WATER

Common County Names

```
E W A N N L C L A R K W I Q T
U J N R R S A O L A U F T Y L
D S O R E A C W N A Q L M H D
E A R L C A T S R F H Z F N K
K V P O R E T S B E W S X K Y
D X M R E H P L O D N A R I F
S K O A M P S E L N U C Y A T
C L A Y R S P R P A O U E N M
L B O D B I D P U L H S E U E
E Q K T Y J O E I H L T K E A
X J O H N S O N D C A R O G R
P I L T D X C E I I C R R S S
U R U N I O N E I R N A E T Z
Z G R B L N C R A O N T H J O
S T E N T K E G M T T R C T Q
```

CALHOUN	LINCOLN
CARROLL	MARION
CHEROKEE	MARSHALL
CLARK	MERCER
CLAY	MONROE
GRANT	RANDOLPH
GREENE	RICHLAND
JOHNSON	UNION
KNOX	WAYNE
LAWRENCE	WEBSTER

Kept As Pets

```
U R E W L L R O A P P R P A A
E R E T S M A H Y U A I T A Y
S W A C A M E T O A D J Q P D
H E K G R R H F L Y O C B O C
S A E I I O E H S I F D L O G
Z R O P N R T I I O G I R T D
K T C A R G E R B I L N A A R
F U N E W T S G O D S I O K L
I P T N A U M N D N C P R C U
L P M I S O I G A U S A A O K
Z P N U B S C K P K B R T C U
R G W G Z B E E E U E R S S U
V G E W R V A A U Z L E L A Y
U O O L I Z A R D E L T R U T
U K O R V R U T D K N R D S Q
```

BUDGERIGAR	KING SNAKE
CATS	LIZARD
COCKATOO	MACAW
CORN SNAKE	MICE
DOGS	NEWTS
FERRET	PYTHON
GERBIL	RABBIT
GOLDFISH	RATS
GUINEA PIG	TERRAPIN
HAMSTER	TURTLE

Johnny Cash

```
S K F C P T D N A L S G N I K
E N O T I R A B S S A B W R D
U E T G H G I P A H K A R K F
L R R T E E U N J C L S E S E
B O R H I T M I G K T I V A E
E V B E T A R A T O N O I S P
H Y T L G E U H T A F T R N M
T R R E U N E T Y A R F G A T
F J E G S L I S H T D A I K S
O I W E I I T S S O H O B R Z
E S O N G W R I T E R M R A E
M I E D B K C A L B N I N A M
O Q O C I S U M Y R T N U O C
H H S O H L O N E S O M E M E
Y L L I B A K C O R W I T T A
```

ACTOR
ARKANSAS
AUTHOR
BASS-BARITONE
BIG RIVER
COUNTRY MUSIC
GET RHYTHM
GUITAR
HOME OF THE BLUES
I WALK THE LINE

KINGSLAND
MAN IN BLACK
OH LONESOME ME
RING OF FIRE
ROCKABILLY
SINGER
SONGWRITER
TENNESSEE THREE
THE LEGEND
THE MATADOR

Types Of Chocolate

```
O O A T F F O Z B P T L X V K
B O P T E E W S I M E S R I C
I M P S R T G A N A C H E O A
T F V X L P E P W E I D O K L
T T P A Y H I Z B R H K L L B
E H S L N W C H M C I O E T E
R Z D R A I I I C E R D M H A
S R O U Q I L A O C O C A D G
W H I T E K N L P I O B R R S
E M E R C E G N A R O H A E K
E R E D W O P A O C O C C L R
T S B S T R A W B E R R Y U R
O C O F F E E C R E M E N S X
R A U O U M I N T C R E M E Y
C H O C O L A T E F U D G E I
```

BITTERSWEET	GANACHE
BLACK	ICE CREAM
CARAMEL	MILK
CHOC CHIP	MINT CREME
CHOCOLATE FUDGE	ORANGE CREME
COCOA LIQUOR	PLAIN
COCOA POWDER	SEMISWEET
COFFEE CREME	STRAWBERRY
COOKIE	VANILLA CREME
DARK	WHITE

Inside The Atom

```
O N E U T R I N O S O B W Y P
K O K L A O M C M Z T D D E Q
M S R L E P T O N R C S S R S
W O A J W C A S D H H U E S J
T B U A S U T O A A P E U N F
O Z Q X U I W R D H G L U O N
P P E A P N M R O L O C H U J
Q D G T Q Q O T K N O U L M S
U I N U U N O T X I U N R P I
A H A A A N N O I M R E F R F
R R R Y R U H S U V P U I G C
K K T Y K S Q P J U A T A T O
S I S E L C I T R A P R W E S
O C O U E Q R D R S I O G F D
L J B U S L B A R Y O N R S F
```

BARYON	NEUTRINO
CHARM QUARK	NEUTRON
DOWN QUARK	NUCLEUS
ELECTRON	PARTICLES
FERMION	PHOTON
GLUON	STRANGE QUARK
GRAVITON	TOP QUARK
HADRON	UP QUARK
LEPTON	W BOSON
MUON	Z BOSON

Sadness And Joy

```
O M M G M O R B I D G R N W T
N O E Z L N E K C I R T S K K
P R R L T E P P S S I L B L C
T O R D A D E J E C T E D C T
R S I E G N I C I O J E R R R
P E M S E D C P L N A B O F S
S A E S S S E H J S B U J A N
Y O N E K E B S O O B J M M E
T X T R S N N R P L Q M W U K
S C J P L X R I E A Y X I S Y
R C Q E A O L O L T I T T E M
S O T D W S A A L E U R P M O
B E Z F A M G T K R V L I E O
K H U N H A P P Y S O I U N L
L L U F T S I W P O I F L T G
```

AMUSEMENT

BLISS

DEJECTED

DEPRESSED

DESPAIRING

DISCONSOLATE

FORLORN

GLEE

GLOOMY

LIVELINESS

MELANCHOLY

MERRIMENT

MORBID

MOROSE

REJOICING

SORROWFUL

STRICKEN

TROUBLE

UNHAPPY

WISTFUL

Love And Hate

```
B B E L O V E D T O U M B X N
A E B I L C T T D R A N C O R
E N C H A N T M E N T L T O D
C R O V R E F R T E P P G Y E
N N C I N I T I E W U A Y W L
A H O O T O P N P R H C E N I
N N O I T A I C E R P P A O G
G P G G T U N S L M S L R I H
U A G H O A E I L E I R N T T
P S Y I H N U L M U R T I O S
E S S S T P O T D O V M N V U
R I K M Z T W T A S B E G E G
M O E N O I T C E F F A R D S
A N Y A B H O R R E N C E C I
T S L O S A D U L A T I O N D
```

ABHORRENCE	ENCHANTMENT
ABOMINATION	FERVOR
ADULATION	INFATUATION
AFFECTION	PASSION
ANTIPATHY	RANCOR
APPRECIATION	REPUGNANCE
BELOVED	RESENTMENT
DELIGHT	REVULSION
DEVOTION	SENTIMENT
DISGUST	YEARNING

Stars Of Dance

```
X J A Y F R E D A S T A I R E
M P E S S O F B O B S Q T U X
M A H A R G A H T R A M Q D K
H T R O W Y A H A T I R J O J
T R E L L I M N N A U O E L U
N I J A C K C O L E H S R F L
E C J Y E L I A D N A D L N I
E K T T W Y L A T H A R P U O
R S E N I H Y R O G E R G R B
E W A V E G A R A M A T S E O
V A S L A V N I J I N S K Y C
N Y L T O N H U R B K I R E C
E Z W L A N N A P A V L O V A
B E T K Y L L E K E N E G R P
D A R C E Y B U S S E L L T H
```

ANN MILLER	JACK COLE
ANNA PAVLOVA	JOHN TRAVOLTA
BEN VEREEN	JULIO BOCCA
BOB FOSSE	MARTHA GRAHAM
DAN DAILEY	PATRICK SWAYZE
DARCEY BUSSELL	RITA HAYWORTH
ERIK BRUHN	RUDOLF NUREYEV
FRED ASTAIRE	TAMARA GEVA
GENE KELLY	TWYLA THARP
GREGORY HINES	VASLAV NIJINSKY

Fonts And Typefaces

```
P N T R E B U C H E T C S T T
B A R O R U A E T L A E N Q A
D C I H T O G N I L K N A R F
R I S G I J Q J M I R T S Y U
I T Z S R A A P E V S A A K N
U E S G N O A V S R O U D M O
F V U N A L E A N E T R I T R
P L B T A R A G E K C E C T U
H E U T D S A R W S A I U R U
I H I A I R C M R A P R L F O
N N N M B E T I O B M U I F W
O A B A O V G D M N I O V A O
D A V E N I R T A O D C H K L
O T T C J N F T N K C O R A A
B E C Q R U I U I P S M R A T
```

ARIAL	GEORGIA
AURORA	HELVETICA
AVENIR	IMPACT
BASKERVILLE	LUCIDA SANS
BODONI	PALATINO
CENTAUR	TAHOMA
COMIC SANS	TIMES NEW ROMAN
COURIER	TREBUCHET
FRANKLIN GOTHIC	UNIVERS
GARAMOND	VERDANA

Lighthouses

```
A L T Z W A J W A W B S T D X
R S C Y A H Q O O T J P R I R
A D F D W L A P V L J L E C P
F C O D A A P L I K F I G E C
W O R O T J T E E F M T G H R
A Y T U L E B C N R F R R E B
D D P Q H A X E H A O O O A T
O L O T O L F O R H A C C D P
G U I S G A O F V W I K K Q S
I Y N E I K R L U Y I L A R U
S U T W S T F P R B U C L M N
L F W A L T O N E R N U K K D
A I Z C A S S A P E N I B A S
N B A R N E G A T D C O A N Y
D A W A D E P O I N T L O M A
```

ALPENA

BARNEGAT

BERWICK

DERBY WHARF

DICE HEAD

DOG ISLAND

EGG ROCK

FORT POINT

HOG ISLAND

KA LAE

MAIN BUFFALO

POINT LOMA

SABINE PASS

SPLIT ROCK

WADE POINT

WALTON

WATCH HILL

WEST QUODDY

WHALE ROCK

WOLF TRAP

Fred Astaire

```
A T N H A L A H I Q Y N L O M
R E H P A R G O E R O H C M U
A N T O A I J B T G F T U A D
U E C U L E R I A L C S C H N
I H R J C O S W F A I R W A T
T O P H A T D U U C T E U X J
E L E D A N N S A A H G A F O
M O W R A N T L S I A O I A H
X A R B Y E F R O B E R T A A
Y S E F R I R A K S A R B E N
S H A L L W E D A N C E R J N
T C I M I E J S T C R G S E A
E T S W I N G T I M E N Z R U
Z R A R T A P D A N C I N G I
T D O S B L A D Y B E G O O D
```

ADELE	MUSICAL FILMS
AUSTERLITZ	NEBRASKA
BROADWAY	OMAHA
CHOREOGRAPHER	ROBERTA
CLAIRE LUCE	SHALL WE DANCE
DANCER	STAR
FUNNY FACE	SWING TIME
GINGER ROGERS	TAP DANCING
JOHANNA	THE BAND WAGON
LADY BE GOOD	TOP HAT

Thanksgiving

```
O C L S Y S Q W F P T S U L Z
F D E I T U T A T U D G P V L
E V P L N U M U S M U V X R V
A M X I E I F T R P N U S U A
S T A P L B E F D K S I A C A
T C A Y P G R H I I E A T W E
R S R I F J R A Z N N Y Q U A
U A E A O L T I T M G N T H U
F S B V N S O X M E T H E R H
N T M R R B Z W J S A W P R Y
K N E M O A E I E N Q I A I W
R M V S H X H R K R C U U W E
S V O Y A G E F R I I U A S Y
R V N G H T U O M Y L P R S A
X J T C O L O N Y V A R G E H
```

CELEBRATE	NOVEMBER
COLONY	PIES
CRANBERRY	PILGRIMS
DINNER	PLYMOUTH
FAMILY	PUMPKIN
FEAST	SQUASH
GRAVY	STUFFING
HARVEST	THANKFUL
HORN OF PLENTY	TURKEY
MAYFLOWER	VOYAGE

Famous Directors

```
A Z U G R G R Z U T Y G A H A
V A S U F L K A V T A T S H Q
S S I J T G S C O R S E S E R
U Z P E A S T W O O D A E M J
R M A I U I L Y N C H M Z R C
R V A N E T K J I I H G U K E
A E L I N L J S T A S C U O L
P N D L L I B A N A P R T L R
O O F L L L L E A A O S R I G
R E R E I W I P R S L T C V H
G L L F Q W G G A G L O A I M
F K S E L L E W T H A N P E N
L C O C T E A U P B C E R R J
S J C T K C I R B U K S A R R
U A U T E X E O N F R U W O P
```

CAPRA	LYNCH
CHAPLIN	OLIVIER
COCTEAU	POLANSKI
EASTWOOD	POLLACK
FELLINI	SCORSESE
GILLIAM	SPIELBERG
HITCHCOCK	STONE
KUBRICK	TARANTINO
KUROSAWA	WELLES
LEONE	WILDER

Dances

```
S U L F A E M U S O B M A M Z
S U C A L Y P S O O Z V X O Y
J X F E V A W A L T Z O Q A P
Y X L I T O M E W R B Q Z R Z
E B S G U B R E T T I J C U V
M A N O O O H G N I H P H M S
H E X O S L R F E C X A T B A
X O R W T S R L A P O L K A A
M A T E W S B U N N Y H O P T
O D S I N O E R N H D U R A O
P A A G D G H L A Q T A I E R
T B L O C G U J R E H H N P T
U M S O T E W E T A N G O G X
O A A B S L I N D Y H O P T O
P L H R G A I I D I S C O I F
```

BOLERO

BOOGIE-WOOGIE

BUNNY HOP

CALYPSO

CHARLESTON

DISCO

FANDANGO

FLAMENCO

FOXTROT

JITTERBUG

LAMBADA

LINDY HOP

MAMBO

MERENGUE

PASO DOBLE

POLKA

RUMBA

SALSA

TANGO

WALTZ

Scientists

```
N C D D X H P J E A I P E R B
I U T D R W L T G O Y A H J R
W N S G N I M E L F F S R J I
R E G N I D O R H C S T W A E
A E W S W R P T U C P E V A L
D Z L E M U P V B R S U L L S
H P S P Q E E Z B I G R L U B
B R A H E S N R L C A U E G E
S I G A A K H D E K L R Y H Q
S K N L L Q E U E L I E L A J
T V I T R S I E X L L L X E S
Z U L N B P M R Q B E U S S Y
S E U R N O E F A N O E L I L
B R A F C E R C K A M H V U I
G S P V R S R N G L P J M T Y
```

BOHM	HUBBLE
BORN	KEPLER
BRAHE	LYELL
CRICK	MENDELEEV
DARWIN	OPPENHEIMER
EULER	PASTEUR
FLEMING	PAULING
FREUD	SCHRODINGER
GALILEO	SKINNER
HERSCHEL	VESALIUS

First Ladies

```
Y T H E L E N T A F T Y M A S
C N D O L L E Y M A D I S O N
E O W Q Y E L N I K C M A D I
E X A V S N R J R H T M R P L
N I B I P A R U E S O R A L L
A N I Q R G E L L M J S H S J
L T G H E A L I Y A A E J A B
T A A S V E Y A T D N Y A R E
E P I U O R T G A A E A C A T
I C L B O Y A R I A P H K H T
R T A A H C I A T S I Y S P Y
R M D R U N L N I I E C O O F
A H A U O A U T T U R U N L O
H X M A L N J J E O C L W K R
N O S L I W N E L L E M M S D
```

ABIGAIL ADAMS	LAURA BUSH
BETTY FORD	LETITIA TYLER
DOLLEY MADISON	LOU HOOVER
ELLEN WILSON	LOUISA ADAMS
HARRIET LANE	LUCY HAYES
HELEN TAFT	MICHELLE OBAMA
IDA MCKINLEY	NANCY REAGAN
JANE PIERCE	PAT NIXON
JULIA GRANT	SARAH JACKSON
JULIA TYLER	SARAH POLK

University Of Florida Buildings

```
W E I L H A L L A H T N I L F
L L A H N A Y R B S R C P L L
F L O Y D H A L L I E E I S O
L B A U G H M A N C E N T E R
L L A H S A M O H T D T L B I
A L A T L L P Q R E L U L U D
H A L H Q L U J R P A R A C A
R H L E R D E S S M B Y H K P
E S A H K E T W R E O T H M O
K F H U V A L D E A R O G A O
L L R B D S M T L N A W I N L
A O E I F A Y S S O T E E H F
W R U H R D L F A U O R L A I
L M A T S A E Y R A R B I L L
T T D N O R M A N G Y M T L U
```

BAUGHMAN CENTER	LINDER STADIUM
BRYAN HALL	NEWELL HALL
BUCKMAN HALL	NORMAN GYM
CENTURY TOWER	REED LABORATORY
DAUER HALL	ROLFS HALL
FLINT HALL	THE HUB
FLORIDA POOL	THOMAS HALL
FLOYD HALL	USTLER HALL
LEIGH HALL	WALKER HALL
LIBRARY EAST	WEIL HALL

StarGate

```
T A R R P E L X E U W A O D A
O F R B I J A C K O N E I L L
S A K X F A T N R C O A F U J
R O U A Y O J M I O S T S A I
Y L L N O Y H E A I K F F O R
P H L U H O N S B L C F W G A
R F W U L T G P E G A S U S S
T U A E S A I Y G P J S A V U
W R R S R O T A C I L P E R R
R L R D T T O K R A E S Q A A
O I I A O T F I E W I N O T N
O N O I T C I F E C N E I C S
K G R A A S O D Y B A I E J R
P S S I T N A L T A D L Q Y I
Z S Q C F P X R P A R A K A D
```

ABYDOS

ALIENS

ANCIENTS

ASGARD

ASURANS

ATLANTIS

DAKARA

DANIEL JACKSON

FURLINGS

GOA'ULD

JACK O'NEILL

JAFFA

KULL WARRIORS

PEGASUS

REPLICATORS

SCIENCE FICTION

TOK'RA

UNAS

WORMHOLE

WRAITH

Musical Terms

```
T I G Q A L Q U U R A L G U E
F U H H P D C W F O I Y L J M
T U Y C O B A A D O C N I W I
B J G S T K L G R J P O S R T
R Z H U S S R S I P S M S O N
N E Z M E Z Z O S O P R A N O
A S V T L E S M T L Q A N D M
O Z T A B T E I O A A H D O M
A O N A U L Z S M Z C C O M O
S R E E O Q T S J Y P C R Y C
R G C V D S P I Z Z I C A T O
V E C A T A Z T S L E G A T O
O L A T B T C R H R A I B U S
I L L C A C H O R D B I X O T
J A S O K S W F E C G Q C A S
```

ACCENT	FUGUE
ADAGIO	GLISSANDO
ALLEGRO	HARMONY
CADENZA	LEGATO
CHORD	MEZZO-SOPRANO
CODA	OCTAVE
COMMON TIME	PIZZICATO
DOUBLE STOP	QUAVER
FALSETTO	RONDO
FORTISSIMO	STACCATO

Disney Movies

```
B I E D R B A E U V D K O E A
R N I V T H E L I O N K I N G
X S T A C O T S I R A E H T A
G T U P A A E B I B L F C P T
O F Q W R T F N U W S B C H X
X D O Z S A T G A V I T O E H
P I A R F L S L N P E T N R R
S N M N C L L Z O A R M I C T
U V L A I E T M L B U E P U L
V F S F A R P A I L S D T L D
I A E O R E D A A U A U P E T
P X F I N D I N G N E M O S P
T O T D I N O S A U R B P B Q
V O X N K I B M A B T O P B T
U H O P O C A H O N T A S V U
```

A BUG'S LIFE	HERCULES
ALADDIN	MULAN
BAMBI	PETER PAN
BOLT	PINOCCHIO
CARS	POCAHONTAS
CINDERELLA	TARZAN
DINOSAUR	THE ARISTOCATS
DUMBO	THE LION KING
FINDING NEMO	TREASURE ISLAND
G-FORCE	WALL-E

Voting And Elections

```
O V M R E G I S T R A T I O N
N D S T H G I R R E T O V V O
C T N E D I S E R P V L U S I
P O L L W O R K E R Y Z E N T
C A N D I D A T E E I C E O A
P C R S H N C Q S S R M E I L
B N O I T C E L E E T A T S S
O A T N R I A M T N S J N S I
L O L S G I T B J T E O E I G
R A F L C R A U C A N R S M E
S E R I O L E S T T A I B M L
O Q F E L T P S F I T T A O J
V F E O D O B E S V O Y F C T
O P T Z R E G O V E R N O R A
R G I T F M F S X W A L U T A
```

ABSENTEE	OFFICIALS
BALLOT BOX	POLL WORKER
CANDIDATE	PRESIDENT
COMMISSION	REFORM
CONGRESS	REGISTRATION
CONSTITUTION	REPRESENTATIVE
FEDERAL	SECRET BALLOT
GOVERNOR	SENATOR
LEGISLATION	STATE ELECTION
MAJORITY	VOTER RIGHTS

Elvis Presley

```
J R O C K A N D R O L L J L U
A T U K S U R R E N D E R O O
I W G D I L A E K U S L R V T
L E T O H K A E R B T R A E H
H D O N P R C S A U U M L M E
O K O T M E W S P R C I L E K
U L M B E S T E L S K S S T I
S O U E M M L N E B O S H E N
E V C C G O V N N I N I O N G
R I H R W R P E O O Y S O D N
O N E U U O N T L O O S K E U
C G A E A K J O O I U I U R U
K Y L L I B A K C O R P P R K
G O D D N U O H A I A P P W D
S U S P I C I O U S M I N D S
```

ALL SHOOK UP	MISSISSIPPI
COLONEL PARKER	ROCK AND ROLL
DON'T BE CRUEL	ROCKABILLY
HEARTBREAK HOTEL	STUCK ON YOU
HOUND DOG	SURRENDER
ICON	SUSPICIOUS MINDS
JAILHOUSE ROCK	TENNESSEE
LOVE ME TENDER	THE KING
LOVING YOU	TOO MUCH
MEMPHIS	TUPELO

Silver Screen Stars

```
O F J W D A V I D N I V E N O
X T F W S L O Y O L A N R Y M
R E P O O C Y R A G J Q O K U
S H I R L E Y T E M P L E L B
I Q L E C R D A N N Y K A Y E
V Z U E R I A T S A D E R F T
A W C Y L L E K E N E G T J T
D O I L J A M E S C A G N E Y
E B L G L E N N M I L L E R G
T A L I C C A R Y G R A N T R
T R E R A E H S A M R O N S A
E A B A B I N G C R O S B Y B
B L A D N O F Y R N E H J Y L
D C L H G I E L N E I V I V E
U E L B A G K R A L C I B T R
```

BETTE DAVIS	GARY COOPER
BETTY GRABLE	GENE KELLY
BING CROSBY	GLENN MILLER
BORIS KARLOFF	HENRY FONDA
CARY GRANT	JAMES CAGNEY
CLARA BOW	LUCILLE BALL
CLARK GABLE	MYRNA LOY
DANNY KAYE	NORMA SHEARER
DAVID NIVEN	SHIRLEY TEMPLE
FRED ASTAIRE	VIVIEN LEIGH

Sesame Street

```
E S W O Y B B A D A C Y B B A
N C T E L L Y M O N S T E R K
T O G U Y S M I L E Y R O E T
E O F R A Z Z L E S T T R V V
R K X T H O H L P A L M S O P
T I P S S X M J N B I E A R M
A E U P A O E D E T R B A R P
I M U S T R E T T I I I J E B
N O S C A R T H E G R O U C H
M N O W N Y E S B I H S T N R
E S S I L F U I E N Q Q Q M T
N T E O R B R D S T E P P U M
T E U O K D A O S R E V O R G
E R G W M W N O S N E H M I J
U M L A N O I T A C U D E D Y
```

ABBY CADABBY

BERT AND ERNIE

BETTY LOU

BIG BIRD

COOKIE MONSTER

EDUCATIONAL

ELMO

ENTERTAINMENT

FRAZZLE

GROVER

GUY SMILEY

JIM HENSON

KERMIT THE FROG

MR. JOHNSON

MUPPETS

NATASHA

OSCAR THE GROUCH

PRAIRIE DAWN

TELLY MONSTER

TV SERIES

Easter

```
C E S M L R E N E W A L E N T
T O A V A A G T P I O T J A T
N G G E R E T S A E U Q X D G
O O W C E E T H O L Y W E E K
I O I R T A F R S H O A K J M
S D Y T G F S L P O S C O I I
N F L R C N F T E T X O O N R
E R I P S E I W E C A R A H A
C I M O K E R R P R T I I T C
S D A B R E B R P O T I I B L
A A F P B U Q L U S G I O I E
N Y O I N M R R I S P K D N F
R C R N Y C A R N B E C L E A
A T Y J S J H L C U R R R N F
H D D R U C M L V N O S A E S
```

ASCENSION	LAMB
CHOCOLATE	LENT
CHRISTIAN	MIRACLE
EASTER BUNNY	PEEPS
EASTER EGG	REBIRTH
EASTERTIDE	REFLECTION
FAMILY	RENEWAL
GOOD FRIDAY	RESURRECTION
HOLY WEEK	SEASON
HOT CROSS BUN	SPRING

Electrical Components

```
F  E  S  T  T  C  T  U  I  S  R  E  S  L  V
R  S  T  R  A  N  S  D  U  C  E  R  A  T  J
R  E  N  O  H  P  O  R  C  I  M  O  L  C  P
T  E  T  N  L  B  L  I  P  R  V  T  L  F  R
H  E  K  E  C  D  R  N  R  C  A  S  U  H  F
E  S  D  A  M  G  E  D  V  U  R  I  S  E  Z
R  D  O  O  E  O  S  U  K  I  I  S  W  Y  S
M  R  O  L  I  P  I  C  A  T  S  N  I  C  B
O  O  Y  I  E  R  S  T  C  B  T  A  T  X  A
S  C  U  H  D  N  T  O  N  R  O  R  C  Q  A
T  R  A  N  S  F  O  R  M  E  R  T  H  A  S
A  E  R  J  A  T  R  I  A  A  T  E  S  U  F
T  W  G  K  O  I  K  A  D  K  X  O  L  A  E
R  O  T  I  C  A  P  A  C  E  I  R  P  A  P
V  P  T  R  O  T  S  I  M  R  E  H  T  L  Y
```

CAPACITOR	SOLENOID
CIRCUIT BREAKER	SPEAKER
DIODE	SWITCH
FUSE	THERMISTOR
INDUCTOR	THERMOSTAT
MICROPHONE	TRANSDUCER
POTENTIOMETER	TRANSFORMER
POWER CORD	TRANSISTOR
RELAY	TRIODE
RESISTOR	VARISTOR

Around Utah

```
E X O B W R R Z E M A N I L A
A T Q L G X T F S V O S E P Q
N A G O L R T T I U C R O C F
V N O Y T E M F B L C O G I U
E E E Y T I C E K A L T L A S
L P R Y L I E I S N T M N Y N
S H E N S I C T T A E R O O N
R I X P A F S M P N I D T R J
E L A D E L T S A C O T G U E
V W W O R E B E H H A M N O X
A N L U Z T K F N R G C I A O
E P A N G U I T C H T I M K M
B D U C H E S N E I S O R E Q
E O N E L S S M O K A N A B T
K M L D A J C N G R U U F C N
```

BEAVER	MANILA
BRIGHAM CITY	MANTI
CASTLE DALE	MONTICELLO
DUCHESNE	MORGAN
FARMINGTON	NEPHI
FILLMORE	OGDEN
HEBER	PANGUITCH
JUNCTION	RICHFIELD
KANAB	SALT LAKE CITY
LOGAN	VERNAL

NCIS

```
T O E V I T A G I T S E V N I
T V T I N T E L L I G E N C E
A N T H O N Y D I N O Z Z O S
E R E D N A X E L A A H S A S
T S R G F I E L D A G E N T W
L N R Z A B B Y S C I U T O E
E O E H O L B A P E D E T O C
O M P M A K A T E T O D D O R
N R Y Q E C Z I V A D A V I D
V A E R O C K Y C A R R O L L
A H L R Z E R I S E C I L O P
N K U J O F F O N I P S Q U S
C R A E B S F S F G F S G S L
E A P Y A R R U M N A E S H U
U M S B B I G Y O R E L H I C
```

ABBY SCIUTO	LEROY GIBBS
ANTHONY DINOZZO	MARK HARMON
COTE DE PABLO	PAULEY PERRETTE
ENFORCEMENT	POLICE
FIELD AGENT	ROCKY CARROLL
HACKING	SASHA ALEXANDER
INTELLIGENCE	SEAN MURRAY
INVESTIGATIVE	SPECIAL AGENT
KATE TODD	SPIN-OFF
LEON VANCE	ZIVA DAVID

Theme Parks

```
T P R F W S S N E F C O W R I
P T P I O N E E R P A R K A B
A V J P S E V A C D M S S G W
C N T L F D O Q A N D U R I D
I U S A R R C U S A E D E N N
F F E Y O A Y A T L N N T G A
I F S L T G R T L Y P A A W L
C O A A O Y E I E E A L W A O
P S M N C O V C P N R R D T R
A D E D P R O A A S K O L E T
R L P S E L C S R I A T I R S
K R L T I I S T K D T A W S A
L O A M A G I C K I N G D O M
L W C W I L D R I V E R S S H
U B E L M O N T P A R K D D I
```

AQUATICA	MAGIC KINGDOM
ASTROLAND	PACIFIC PARK
BELMONT PARK	PIONEER PARK
CAMDEN PARK	PLAYLAND
CASTLE PARK	RAGING WATERS
DISCOVERY COVE	SESAME PLACE
DISNEYLAND	WATERVILLE USA
EPCOT	WILD RIVERS
GATORLAND	WILD WATERS
GILROY GARDENS	WORLDS OF FUN

The Periodic Table

```
S K C O L B V B E A D O T A U
V Y C E E P E R I O D S S O E
A A M O E L E M E N T S A U A
C L L B L S L U L R B T T U S
T K K E O B E H E O O S O L S
I A C A N L D T F M N N M A S
N L N O L C N Q I W O E I N M
O I O H L I E C V B A G C T Y
I N N E R B M N L R S O N H P
D E M S O A F E U E I L U A W
S E E R S R G Y T M U A M N A
U A T S X A Q B X A B H B O R
T R A N S I T I O N L E E I K
T T L E S Y G R O U P S R D R
S H S A M E T A L L O I D S X
```

ACTINOIDS

ALKALI METALS

ALKALINE EARTH

ATOMIC MASS

ATOMIC NUMBER

BLOCKS

D-BLOCK

ELEMENTS

F-BLOCK

GROUPS

HALOGENS

LANTHANOIDS

MENDELEEV

METALLOIDS

NOBLE GASES

NONMETALS

PERIODS

SYMBOL

TRANSITION

VALENCE NUMBERS

Birds

```
A I T P K X B L L A W D A G O
I X N B N R Q P N P S A R G A
Y B L E V U P T T K E O T K U
L E T U N G R E E N H E R O N
D M K G L O S S Y I B I S A I
A M Y R Y L O S P E Y M R G K
E A B W U R U L R E W C T C P
H L O H Z T T G C A T E M O M
D L O I S I D C P I L R F R I
E A B M P E I L C L T P F N L
R R N B N O J T I R E C U C O
Q D W R B T E W F W W K R R L
N J O E G R A Y H E R O N A V
T H R L M I W O O D D U C K J
T Q B I H S P K I L L D E E R
```

ARCTIC LOON	KILLDEER
ARCTIC TERM	LIMPKIN
BROWN BOOBY	MALLARD
CORN CRAKE	REDHEAD
GADWALL	RUFF
GLOSSY IBIS	SMEW
GRAY HERON	WHIMBREL
GREEN HERON	WILD TURKEY
HORNED GREBE	WILLET
KELP GULL	WOOD DUCK

Presidential Election Losers

```
N M Y D E D C L A R K W I E O
O O I R J O H N M C C A I N P
S B S C R E D A N H P L A R T
R X O N H E R E E R R T L O H
E O I B E A K O I P L E S S O
D C P O D V E N G J A R M S M
N S H N R O E L H L R M I P A
A E A V H E L T D O A O T E S
N M P L H Q O E S U J N H R D
H A R R Y B Y R D I K D W O E
O J N O D N A L F L A A I T W
J W E N D E L L W I L L K I E
W I L L I A M L E M K E D I Y
W J O H N S C H M I T Z U A S
H S R E P S O H N H O J O H E
```

ADLAI STEVENSON	JOHN KERRY
AL GORE	JOHN MCCAIN
AL SMITH	JOHN SCHMITZ
ALF LANDON	MICHAEL DUKAKIS
BOB DOLE	RALPH NADER
ED CLARK	ROSS PEROT
HARRY BYRD	THOMAS DEWEY
JAMES COX	WALTER MONDALE
JOHN ANDERSON	WENDELL WILLKIE
JOHN HOSPERS	WILLIAM LEMKE

Popular Boys' Names

```
E R U S B V X S J X T L T S J
D B Y L E P I U W O L Z T V S
C Y H O P Z K F E G R O E G H
Q H L R M L T R B R J D G T M
Q Y P A W E H T T A M P A A A
L Y R E N I C H O L A S S N N
C H R I S T O P H E R E T E P
W H A A X O W A D X O H T E Y
P I R O H Q J E A A O S M T E
T C L I A C R J R N N O Q R U
T C V L S P A Q Y D I I Z P A
S R M N I T O Z S E N T E W E
A N T L W A I U U R C A S L X
E T H A N I M A J N E B Y U S
A X S R U F O C N T R U Q R A
```

ALEXANDER	GEORGE
ANDREW	JORDAN
ANTHONY	JOSEPH
AUSTIN	LOGAN
BENJAMIN	MATTHEW
CHRISTIAN	NICHOLAS
CHRISTOPHER	PETER
DANIEL	RYAN
DYLAN	WILLIAM
ETHAN	ZACHARY

Bob Dylan

```
R O B E R T R R O O X J A Z Z
E O L L F A B X U O J C I R R
T Z C P E E M U S I C I A N A
I I O K B B M F O L K H S A T
R M U L A Y L A D Y L A Y J O
W M N R B N F U F T T N M F S
G E T C E F D S E F A N L P E
N R R S M F W R D S O S A X N
O M Y O T I S E O U P L M W N
S A K I N P M I U L L T L J I
Z N H G I A B E N T L U T A M
Q M Y B A C K P A G E S T L H
M E M O T S G N O L E B E H S
M A G G I E S F A R M R V L T
T R J A N B T G I E G W C A A
```

BLUES	MINNESOTA
COUNTRY	MUSICIAN
DULUTH	MY BACK PAGES
FOLK	ROBERT
HALL OF FAME	ROCK AND ROLL
I WANT YOU	SHE BELONGS TO ME
IT AIN'T ME BABE	SINGER
JAZZ	SONGWRITER
LAY LADY LAY	SWING
MAGGIE'S FARM	ZIMMERMAN

Al Capone

```
I  I  A  M  T  U  U  R  M  K  B  K  R  T  J
T  O  I  Z  A  R  T  A  C  L  A  P  J  I  R
T  R  E  T  R  E  A  T  S  Y  A  S  C  J  P
R  J  J  R  T  E  C  B  L  L  H  L  P  H  E
N  A  T  T  A  H  N  A  M  I  I  O  S  O  S
E  G  R  V  R  I  T  I  P  T  I  C  D  M  N
W  M  R  P  R  I  S  O  N  O  H  R  U  C  O
Y  B  O  O  T  L  E  G  G  I  N  G  Z  A  H
O  S  R  B  A  M  O  H  C  Y  G  E  E  P  P
R  C  L  N  W  M  G  A  L  L  M  L  S  B  L
K  S  D  K  A  A  G  T  I  X  E  N  T  C  A
U  L  I  Q  U  O  R  N  Y  L  K  O  O  R  B
Z  Q  S  G  N  A  G  S  T  U  O  E  D  I  H
W  R  A  T  L  I  D  D  V  W  S  V  N  M  Y
G  B  N  O  I  S  A  V  E  X  A  T  T  E  T
```

ALCATRAZ	LIQUOR
ALPHONSE	MAE CAPONE
BOOTLEGGING	MANHATTAN
BROOKLYN	MOB WARS
CAPONES	NEW YORK
CHICAGO	PALM ISLAND
CRIME	PRISON
GANGS	RETREATS
HIDEOUTS	SMUGGLING
ITALY	TAX EVASION

Parts Of A Flower

```
R C B U T W R S T J L A P E S
Z M A R X R H H F F G A N W U
V F M R A E S T I U R F T P P
C I G P P C P E L E K P I E Y
P R I A N E T Z A E U A R E P
I U T R D P L A M D Z I U I C
S D S I A T P T E O A E A O A
T M C O H A E S N N O E R J L
I E Z V W C D I T I L O A T Y
L N M U U L U H V M N A B P X
C P O L L E N G R A I N S O U
X Q R E J T C E K T F T C P J
N B C O R O L L A S P H Q J E
A D L S T U E L Y T S E T S I
W V E V M S A T S T S R S J S
```

ANTHER	PEDUNCLE
BRACT	PERIANTH
CALYX	PETAL
CARPEL	PISTIL
COROLLA	POLLEN GRAINS
CORONA	RECEPTACLE
FILAMENT	SEPAL
FRUIT	STAMINODE
OVULE	STIGMA
PEDICEL	STYLE

ER

```
B N D D R B E N T O N S R L E
H T R A H K C O L Y B B A G L
H S W V D R A M A T D U E K L
L E E I T R S R K R R O E D A
V W A D N S G M P A R L D D S
R E V L Q B I R I G L K R I A
Y N E Y L N A N E I T K R U L
A A R O G T N C E E O L O R Q
D H Q N T E L M L V N H S T I
R S A S S O A J A N L E S L R
O H M O O R Y C N E G R E M E
C O U N T Y G E N E R A L A T
R G E I L Z I A R W Z S T P I
D Y N O T S G N I K X E L A S
P F O P B I N O A H W Y L E P
```

ABBY LOCKHART	DR WEAVER
ALEX KINGSTON	DRAMA
COUNTY GENERAL	EMERGENCY ROOM
DAVID LYONS	ERIQ LA SALLE
DR BENTON	GEORGE CLOONEY
DR CORDAY	KELLIE MARTIN
DR GREENE	LAURA INNES
DR KOVAC	MING-NA
DR PRATT	NOAH WYLE
DR ROSS	SHANE WEST

Scooby-Doo

```
K R A P T N E M E S U M A P L
M R S O G V X I F K O Y L A L
O S G Q O U Y F V G F S D X P
A E P R Q D N X E O C T V S M
V I N O E R Y A J O M E J U R
Y B U H O A D P O N L R D S A
E M T A P K T B P M S Y M P D
S O D R S A Y D A A T M A E G
N Z F R E D D I A E R A S N S
Y O S C O O B Y S N A C K S T
I G O O P U C K A L E H S E S
F Y G T I W X S Y M A I N A O
D T U A R E B R A B A N N A H
U U J A H A H A U N T E D L G
H G V R B S C L U E S U M V Z
```

AMUSEMENT PARK

CARTOON

CLUES

DAPHNE

FRED

GHOSTS

GREAT DANE

HANNA-BARBERA

HAUNTED

MASKS

MOVIE

MYSTERY MACHINE

SCOOBY SNACKS

SCOOBY-DOO

SCRAPPY-DOO

SHAGGY

SPOOKY ISLAND

SUSPENSE

VELMA

ZOMBIES

World Of Finance

```
U L P S D E R I V A T I V E S
E M E R G I N G M A R K E T P
L U V T O E R L A T I P A C Y
C Z I M E F L I Q U I D I T Y
Y R F Q M K I T R A D I N G C
C I S E T A R T S E R E T N I
S A N T E K R A M L L U B W L
S A L F B E A R M A R K E T O
E O S L L U G K G K R T S O P
N A H S O A T A H A C G T T L
I L A S E P T E G C S O I H A
S W D Z A T T I C T S D T N C
U R E C E S S I O N R R N S S
B D E F L A T I O N A O S U I
R E G U L A T I O N A O M N F
```

ASSETS	FUNDS
BEAR MARKET	INFLATION
BULL MARKET	INTEREST RATE
BUSINESS CYCLE	LIQUIDITY
CALL OPTION	MORTGAGE
CAPITAL	PROFIT MARGIN
DEFLATION	RECESSION
DERIVATIVES	REGULATION
EMERGING MARKET	STOCK MARKET
FISCAL POLICY	TRADING

The Harvest

```
G G H N C R O P S I C K L E T
N N R E H S E R H T A B U R L
P I I R P T L S D M Z I W L A
I T G P W O N C G A F Z T R B
O R N E A R L A R T X E A R O
G O I F E E T A A U T G S C R
V S P U A H R L I R R R Y T I
L B P N E O P N N I E I R I N
A U I R E U G F C T U P E L T
I N H G Z S I U S Y E R N T E
G I S O C E L E B R A T I O N
Y T W E L T V U S C Y T H E S
L U U D U R S X P T U S C O I
Z A S R A P X G N I K C A P V
P Q E H I A S R S P D I M L E
```

AGRICULTURE

CELEBRATION

CLEANING

CROPS

FIELDS

GATHER

GRAIN

HARVESTER

LABOR INTENSIVE

MACHINERY

MATURITY

PACKING

PULSE

REAPING

SCYTHE

SHIPPING

SICKLE

SORTING

STOREHOUSE

THRESHER

Seeing Red

```
S V F C V N R N Z T S Y T W E
T E C D O O W E S O R D P S W
W W D P E R S I M M O N D H Q
I T Y U N R T H E Y Q U N A R
P E R S I A N R E D P G O F L
I L R A M A R A N T H R I F O
B R E U R H I A I H Y U L P F
B A B B A S C R N T F B I S A
I C P U C E F R G T E N M Z B
E S S R O E E U I N K N R R A
A L A N I D R A C M A M E T P
S R R D W Y D I T H S S V V S
Z D U O N N B A S G S O O V T
T F O U L I X U U E B I N A A
U D R B B A V P R Y E T A V L
```

AMARANTH	PINK
AUBURN	RASPBERRY
BURGUNDY	REDWOOD
CARDINAL	ROSEWOOD
CARMINE	RUBY
CERISE	RUST
CRIMSON	SANGRIA
FUCHSIA	SCARLET
PERSIAN RED	VENETIAN RED
PERSIMMON	VERMILION

Pop Artists

```
E S S S F A J Y S L S T A J Y
H S N M A D O N N A S I W O B
M Y J R I H A N N A I I T J D
A K K E L L Y C L A R K S O N
R V Y D N N E K I A Y A L C A
I B R I T N E Y S P E A R S L
A P R I Y S I C C I A R A I W
H Q E A L Q H F N Y R H Y W O
C N P E G L U A E O R L T E R
A G Y I I A A C K R Y U O L Y
R S T W L G G V T I L E S A L
E O A R U W R Y I A R O B N L
Y R K A M X P E D G S A P O E
A G W E N S T E F A N I P E K
V O D A T R U F Y L L E N L Z
```

AVRIL LAVIGNE	KELLY CLARKSON
BEYONCE	KELLY ROWLAND
BRITNEY SPEARS	LADY GAGA
CIARA	LEONA LEWIS
CLAY AIKEN	MADONNA
FERGIE	MARIAH CAREY
GWEN STEFANI	MILEY CYRUS
JENNIFER LOPEZ	NELLY FURTADO
JOJO	RIHANNA
KATY PERRY	SHAKIRA

Breeds Of Horse

```
A M P V W V N J A I O M U D R
C S N D W U H D P Z Q Z E E R
O P A O E E R A O M T S R E T
L F A N K R A W S I N E F L A
O R B S F O B S C S R S C W C
R E T T O R T H C N E R F A A
A I E Z R F A A G N S S M T Q
D B N Z G S I T V U O P O M X
O E A Z D D S N E K O E N L F
R R U R U K A U O L A R G Q R
A G E T E L O L I R L K O S U
N E R U T Z S N I N R O L H R
G R E A X K A G I B O V I J T
E W I I Y P T L A K O N A H T
R L S V B R U M B Y S Z N R L
```

ABTENAUER	IOMUD
ALTAI	KONIK
AZTECA	MONGOLIAN
BLAZER	NOKOTA
BRUMBY	NONIUS
CAMPOLINA	PASO FINO
COLORADO RANGER	SAN FRATELLO
DALIBOZ	SOKOLSKY
FREIBERGER	TAWLEED
FRENCH TROTTER	THOROUGHBRED

Movie Blockbusters

```
I N D E P E N D E N C E D A Y
S E S N E S H T X I S E H T F
P J Q G N I K N O I L E H T I
T T H G I N K K R A D E H T N
R C I N A T I T V C I E R K D
A G Z I T I S A L N J S U C I
N R X T R H T E C U F N C O N
S T I S R A O R N A G A S C G
F L L E R P E G I F T R B N N
O S K H A D L N U G P O T A E
R I A T I E H P W C W T W H M
M Y R B B N A M R E D I P S O
E A L O U N O I T P E C N I W
R E O B D T A I S G H O S T U
S K R A P C I S S A R U J D E
```

AVATAR	SPIDER-MAN
CLEOPATRA	THE DARK KNIGHT
FINDING NEMO	THE INCREDIBLES
GHOST	THE JUNGLE BOOK
HANCOCK	THE LION KING
INCEPTION	THE SIXTH SENSE
INDEPENDENCE DAY	THE STING
JURASSIC PARK	TITANIC
KUNG FU PANDA	TOP GUN
SHREK	TRANSFORMERS

Finding Nemo

```
S K O O R B T R E B L A W U N
E L T R U T M O M G L Y D R S
R R H C F W C I D S R O M E N
E U B R R T O O V E W C A Y G
N J N H S U R C G I L L D T D
E T C O R Y A A L E E C U R B
G H F A I S L L T L T T C M O
E S T N T T E R R A G D A R B
D I E O A M A L H P T K R R T
N F B N D R D M B S E H R A U
E N G A I I E S I B P P A Y R
L W F T W L R O D N U O B X O
L O M L E I R I J X A B I S E
E L A U A D K A A U M R O I I
J C O T T R U C M O P X G W J
```

ALBERT BROOKS	DORY
ANIMATION	ELLEN DEGENERES
BARRACUDA	GILL
BLOAT	JOE RANFT
BRAD GARRETT	MARLIN
BRUCE	MR. RAY
BUBBLES	NEMO
CLOWNFISH	REGAL TANG
CORAL	TURTLE
CRUSH	WILLEM DAFOE

Rivers

```
Y S S A R K O B F O I Y P H C
S A A U V Q V M T C P X U B N
R S N O K U Y S C E P T S Y J
S E A E R S P O O E I S U C U
R N Z C T V L J N H S I L S I
S O A A R O S D L C S R Q E G
Y T R G R A O L S O I U M S H
F S J A A R M K N O S O X M C
E W D O E N A E G H S S H G Z
A O F I H G A R N A I S A I T
T L L L I N A K L T M I A G O
H L I T E N S S O T O M A N I
E E N L D W E T T A L P A R E
R Y T E W K T F O H T E A P G
A Y A I B M U L O C Z P J T R
```

ALSEK	OHIO
CHATTAHOOCHEE	OKANAGAN
COLORADO	PEND OREILLE
COLUMBIA	PLATTE
FEATHER	RIO GRANDE
FLINT	SACRAMENTO
KOOTENAY	SKAGIT
MISSISSIPPI	ST. JOHNS
MISSOURI	YELLOWSTONE
NASS	YUKON

Shades Of Blue

```
E D E N I R A M A R T L U L Z
E U E U L B C I R T C E L E C
A R R N O O X D A R K B L U E
T T J R I A I N L L E R P L R
S B B N Y M Z I I F R P E B U
V S A G E O P G C R A T A R L
V K B F T U H H E C I K S E E
M Y Y M F T L T O I Z S S D A
H B B M B I Q B P T N C A W N
L L L L A W A L L E Y U P O X
V U U A S L I U V A R Z P P S
U E E T T P O E N L Y S H M O
A E B Q S X D U Z X B O I S W
W L D C O R N F L O W E R A T
Q T J X U K A V A Z U R E W N
```

ALICE	IRIS
AZURE	LIGHT BLUE
BABY BLUE	MIDNIGHT BLUE
CERULEAN	PERSIAN
COBALT	POWDER BLUE
CORNFLOWER	ROYAL BLUE
CYAN	SAPPHIRE
DARK BLUE	SKY BLUE
DENIM	TEAL
ELECTRIC BLUE	ULTRAMARINE

The Philadelphia Flyers

```
S O A I Z O G R A F S L L E W
M N Y C H T I M S N O S A J N
I A E K R A L C Y B B O B R I
T A R V E V N U M L H V O O L
T M I K E R I C H A R D S N U
O R U N H T I H O C K E Y H O
G E R R A O S C R K S H V E P
N B O Y T V W N L I J E E X E
A R N E O C L E H I I V V T V
U A S A A A E Y G O N M H A A
O B U D E U Q P S N J D K L D
L L T J O Q B S S N A A R L U
H L T Z X B X H B E N R H O O
X I E T I H W E E O H E O S S
W B R O A D S T R E E T P P B
```

BILL BARBER	LOU ANGOTTI
BLACK	MARK HOWE
BOBBY CLARKE	MIKE RICHARDS
BROAD STREET	ORANGE
DAVE POULIN	PENNSYLVANIA
DAVE SCHULTZ	RON HEXTALL
ERIC LINDROS	RON SUTTER
HOCKEY	THE SPECTRUM
JASON SMITH	WELLS FARGO
JOHN STEVENS	WHITE

Types Of Tortoise

```
T N A I G A R B A D L A H O R
I N D I A N S T A R I A R R S
T N A I G S E L L E H C Y E S
A S D I M A R G I N A T E D W
R N N E G C Y R E W A T O F P
M A D N S S D L E I F S R O H
K I D G A S D E O C H A C O S
V S E I T M E L T B C X E T O
T S S N A A N R O A S E U E G
S U E P O T W I P N L T D D A
L R R A T S E S E M R U B E P
B A T V C R L D O L I A G B A
T L E P A C O O R A K E Z N L
O T O Q K R Y A B I U N S P A
I S U A D E P E K A C N A P G
```

ALDABRA GIANT	INDIAN STAR
ANGULATED	KAROO CAPE
ARNOLD'S GIANT	KLEINMANN'S
BOLSON	MARGINATED
BURMESE STAR	PANCAKE
CHACO	RADIATED
DESERT	RED-FOOTED
GALAPAGOS	RUSSIAN
HORSFIELD'S	SEYCHELLES GIANT
IMPRESSED	TEXAS

Colors

```
R S T R W W Z T E U M L S M B
E I N T A E N T K Z D I W G U
D N A S T R E S E D J F U S D
N O L Y N G E R D S W T L I A
E P P H E L R S A S S T R V A
V I G T G T G A J E C U A Y Q
A A G E A A Y Q Y I Y N R U M
L P E M M U M R N G I G A S R
O O I A A P R N E L M S B H K
Z S T T Y E A I L O N G A M O
A T E A D M B A T S A E N T G
A T L W O C O R D O V A N S Q
Z V O N D X S U O S R E I E L
L O I Y T R N A N W Y L C E G
D F V A I I L F L L N J M H D
```

AMETHYST	LAVENDER
ARMY GREEN	MAGENTA
BROWN	MAGNOLIA
CINNABAR	REDWOOD
CINNAMON	RUSSET
CORDOVAN	SINOPIA
DESERT SAND	TAUPE
EGGPLANT	TAWNY
GRAY	VANILLA
JADE	VIOLET

Well-known Democrats

```
N L E U N A M E M H A R V S M
S U R A L P H W A I T E H H I
E N I A K M I T L A C G I E C
R N A P L U K Y C N A N L I H
K L J A M E S C A R V I L L E
D N A E D D R A W O H R A A L
A M A B O K C A R A B P R K L
D I E R Y R R A H L S S Y U E
U P A L F R A N K E N Y C E O
O S T E N Y H O Y E R R L H B
S D R A W D E N H O J R I L A
D A N I E L I N O U Y E N B M
J O E B I D E N R G J J T W A
I S O L E P Y C N A N P O O J
T B H S E N O J N E B R N D A
```

AL FRANKEN	JOE BIDEN
BARACK OBAMA	JOHN EDWARDS
BARNEY FRANK	MICHELLE OBAMA
BEN JONES	NANCY KULP
DANIEL INOUYE	NANCY PELOSI
HARRY REID	RAHM EMANUEL
HILLARY CLINTON	RALPH WAITE
HOWARD DEAN	SHEILA KUEHL
JAMES CARVILLE	STENY HOYER
JERRY SPRINGER	TIM KAINE

Billionaires

```
O X L N I R B Y E G R E S E E
R N C H R I S T Y W A L T O N
E U O U M I C H A E L D E L L
L D X S D A O R B I L E V A N
D O N A L D T R U M P X E R A
V A L I C E W A L T O N N R C
N E F F E G D I V A D R S Y N
H I B I L L G A T E S S P P U
A O B H C S I T N A O J I A D
C S O R O S E G R O E G E G N
I E R I C S C H M I D T L E A
L O N O T L A W M I J L B D D
R R W A R R E N B U F F E T T
A E B R U C E K O V N E R H I
C I E P A U L A L L E N G C S
```

ALICE WALTON	GEORGE SOROS
BILL GATES	JIM WALTON
BRUCE KOVNER	JOAN TISCH
CARL ICAHN	LARRY PAGE
CHRISTY WALTON	MICHAEL DELL
DAN DUNCAN	PAUL ALLEN
DAVID GEFFEN	SERGEY BRIN
DONALD TRUMP	SHELDON ADELSON
ELI BROAD	STEVEN SPIELBERG
ERIC SCHMIDT	WARREN BUFFETT

Hit Pop Songs

```
T J S E N A L P R I A I A L A
M B M Q E W O N U O Y D E E N
A Y O E N O H P E L E T V E O
N L O O E I D Y A L P E R V T
E O E B M T Y A L R R G A I A
B T T J A B M O E Y U F I V F
A A W H A E O E B H W N P A R
M H D A I N R O H E Y K R L A
M W J R K N D E M A D M R A I
I O R K O Y O R W P L U N V D
C S B O H M R N O I O F R I F
O S W U X S A H Y K F W W D V
S L R U G A I N R O F I L A C
E T I M A N Y D C A U S Q F Y
S J U S T D A N C E I E T R R
```

AIRPLANES

ALEJANDRO

BAD ROMANCE

BOOM BOOM POW

CALIFORNIA GURLS

DYNAMITE

EVERYBODY HURTS

IF I WERE A BOY

IMMA BE

IN MY HEAD

JUST DANCE

MEET ME HALFWAY

NEED YOU NOW

NOT AFRAID

NOTHIN' ON YOU

REPLAY

RUDE BOY

SO WHAT

TELEPHONE

VIVA LA VIDA

Dolphins

```
L S S R E S A R F W Q F S T X
C L U N A E L I H C H G T U T
A M A Z O N R I V E R U T W U
W G S P G S X G E A O E Y P C
P L S S L R R I C N U N W W U
E E S E A A V E C O G E O V X
A S R T D L T O M M H M U N I
L K O S R I G A A M T Y T S R
E Y T N P I S R J O O L O P R
S E C A E O P I U C O C L I A
E Q E L G L T E V O T T Y N W
O J H V D M T T D A H H L N A
Z A N R W H I T E B E A K E D
E W N Y Z Y Z O O D D H A R D
G R F T R S A U L B D U S K Y
```

AMAZON RIVER

BOTTLENOSE

CHILEAN

CLYMENE

COMMERSON'S

COMMON

DUSKY

FRASER'S

HEAVISIDE'S

HECTOR'S

HOURGLASS

IRRAWADDY

LA PLATA

PEALE'S

ROUGH-TOOTHED

SPINNER

SPOTTED

STRIPED

TUCUXI

WHITE-BEAKED

Parts Of The Body

```
R R C I T M J I S Z A Y A V Q
R I A H S N E C K E U W T E L
S J P T I T S M B S I T V M L
W L I B R N O E A J R M A S N
S X I R W A N M Y S S T O O E
D E V L R N U U A E U U L Q A
A S M S P Z D C W C K S V Q O
T U P E J Z E A B Z H T U O M
A R J I F P L N M O D A E H T
S C I W I C E K U S O Q N R L
L G M O N T H L H F G E R D A
C L E C G F D E T F K A J I S
W O B L E E U S E E N K A U M
H T Y T R E T U S K W R A T R
A P R A T T S O S O W X U R A
```

ANKLES	HEAD
ARMS	KNEE
CHEEK	LEGS
CHIN	MOUTH
ELBOW	NECK
EYES	NOSE
FEET	SHOULDER
FINGER	STOMACH
HAIR	THUMB
HANDS	WRIST

Fictional Comics

```
G H Y P E R M A N S N T C J N
B L O O D Z I L L A A S H T A
N O Q U Y R O R R E G N A R M
A O P U P D I D N E L P S W E
L C R N A N D G D R N U I A V
L R B M A S A R O M H M N R I
E E I J A M A M I W S A G R T
R D C I P L E R O O E N A I C
E N L H W T F L Q W Q B M O A
P A O R Z K F O G U M E Y R O
U M P L A S W H U A I A D A I
S M S E Q G E D U R E N I N D
E O R U E N E L T T I L T G A
R C A P T A I N A V E N G E R
F D I O V A G E M S P Y R L T
```

BICLOPS	MEGAVOID
BLOODZILLA	NORMAL FOUR
CAPTAIN AVENGER	QUASAR QUINTET
CHASING AMY	RADIOACTIVE MAN
COMMANDER COOL	RAGE
EAGLEMAN	RANGER RORY
HYPERMAN	SPLENDID PUP
I AM WOMAN	SUPERELLA
LITTLE NEURO	WARRIOR ANGEL
MAN BEAN	WOLF SQUAD

The Holiday Season

```
U I K T J Z G I F T S T P C K
D O I S G N I D I T J L U A C
S M S S Q A H T L E N B L A S
E Q A K S T Y U L E T I D E T
T L M N O I T A R B E L E C B
L I T P O V S E L D N A C L M
W G S G N I T E E R G G O E X
C H I T F T T T W T O F R O I
R T R N L Y Z I U O E R A N U
J S H E P H E R D S Y T T S X
W P C V E K K W T A A A I V F
S I W D I E I I N U R G O O F
S E R A Y L V U A I A T N I V
N L G L L A I C I C L E S P L
T S I R L O X X S Z J G J A C
```

ADVENT

BELLS

CANDLES

CELEBRATION

CHRISTMAS

DECORATIONS

FESTIVAL

GIFTS

GOODWILL

GREETINGS

ICICLES

LIGHTS

MERRY

NATIVITY

NOEL

SHEPHERDS

TIDINGS

TRADITION

TURKEY

YULETIDE

Beyonce Knowles

```
N R E S T A A R C A M P D B H
B L F A S H I O N M O D E L S
P E G K C F O T W P G A S L A
T L O R R T H U S C U E T R S
L B R G A X R T S T K E I I H
I A E R Z M A E I T X V N G A
S E G E Y R M F S A O G Y Y F
T C N E I A U Y S S L N S T I
E A I N N L D O A E C B C H E
N L S L L Y W E L W A A H G R
T P D I O S D A J B A S I U C
D E A G V B D A Y A X R L A E
Y R E H E I E B S Z V T D N T
H R L T E N O R E B M U N S S
B I P S Z Y F C R D I A E M W
```

ACTRESS	HOUSTON
B'DAY	IRREPLACEABLE
BABY BOY	LEAD SINGER
BEAUTIFUL LIAR	LISTEN
CRAZY IN LOVE	NAUGHTY GIRL
DEJA VU	NUMBER ONE
DESTINY'S CHILD	POP STAR
FASHION MODEL	SASHA FIERCE
GRAMMY AWARDS	SINGLE LADIES
GREEN LIGHT	TEXAS

Places To Visit

```
P P R E T N E C Y A L P U N W
B A I H A R T G A L L E R Y L
U E I O C E N T R A L P A R K
E D A F N R G J N S A A R E R
V P Q C O U U E F W R K F T A
E I U S H R T H S I D R H N P
R L A P U A E R C M E A S E R
G R R A R O C S W M H P R C E
L H I I R A R E T I T E I D T
A M U E S U M A L N A M W N A
D M M T F Q D S A G C E T A W
E L L A M G N I P P O H S L B
S E R U W M O D U O T T X T Z
I M Q O L X V E S O A T A E Q
R E T N E C E F I L D L I W E
```

AQUARIUM	MUSEUM
ART GALLERY	PLANETARIUM
BEACH	PLAY CENTER
CASTLE	SEASIDE
CATHEDRAL	SHOPPING MALL
CENTRAL PARK	SWIMMING POOL
CHURCH	THEME PARK
EVERGLADES	WATERPARK
FARM	WETLAND CENTER
FOREST	WILDLIFE CENTER

Summer

```
R G N B I U T A U M W B N J R
C V O H P T R U V P G S U A D
O U I D T E D A H S R N K E T
E S T R T M E B R E E Z E I T
U I A V X O R R L S G R C T L
P I C N I C H A K S R L R T H
N P A E A Q X N W A U G U S T
T P V Z C A I I O L B E H K F
L L W V T R M N L G M T K I W
I T A I D M E T R N A S L E O
I T O D I S L A P U H T P X T
L N L N M R R U M S B U P I Z
P O G E U B L O T I O N I K R
C U O K H U O V N H S J U L Y
R A S P E O J D N A T N U S W
```

AUGUST	PICNIC
BREEZE	POOL
COLD DRINKS	RELAXATION
HAMBURGER	SHADE
HOTDOG	SUNBURN
HUMID	SUNGLASSES
ICE CREAM	SUNTAN
JULY	SWIMMING
JUNE	VACATION
LOTION	WARMTH

At The Movies

```
S J L Z R P V T R R N H W I H
U P H E B Q H F F S E Z L S A
I Z R P K R A C H R C V E T S
D C L I I R G N I T A R H I S
S O A L C G I L W U P R E D J
T M L E S U O H T R A I L E R
R E T S U B K C O L B S M R N
R D J S B S R J M B H B S C K
P Y K U A O E C N E I D U A P
O S N R O C P O P Q C U S Y X
E A B S T R A C T A K B P U F
A E C I F F O X O B O B E J B
S N O I T A M I N A Q I N N L
T N A U R L P U W U U N S A T
P R E C L I F F H A N G E R O
```

ABSTRACT	DUBBING
ANIMATION	FARCE
ART HOUSE	PLOT
AUDIENCE	POPCORN
BLOCKBUSTER	PROJECTION
BOX OFFICE	RATING
CAST	SCREEN
CLIFFHANGER	SUSPENSE
COMEDY	THRILLER
CREDITS	TRAILER

Solutions

No 1

No 2

No 3

No 4

Solutions

No 5

No 6

No 7

No 8

Solutions

No 9

No 10

No 11

No 12

Solutions

No 13

No 14

No 15

No 16

Solutions

No 17

No 18

No 19

No 20

Solutions

No 21

No 22

No 23

No 24

Solutions

No 25

No 26

No 27

No 28

Solutions

No 29

No 30

No 31

No 32

Solutions

No 33

No 34

No 35

No 36

Solutions

No 37

No 38

No 39

No 40

Solutions

No 41

No 42

No 43

No 44

Solutions

No 45

No 46

No 47

No 48

Solutions

No 49

No 50

No 51

No 52

Solutions

No 53

No 54

No 55

No 56

Solutions

No 57

No 58

No 59

No 60

Solutions

No 61

No 62

No 63

No 64

Solutions

No 65

No 66

No 67

No 68

Solutions

No 69

No 70

No 71

No 72

Solutions

No 73

No 74

No 75

No 76

Solutions

No 77

No 78

No 79

No 80

Solutions

No 81

No 82

No 83

No 84

Solutions

No 85

No 86

No 87

No 88

Solutions

No 89

No 90

No 91

No 92

Solutions

No 93

No 94

No 95

No 96

Solutions

No 97

No 98

No 99

No 100

Solutions

No 101

No 102

No 103

No 104

Solutions

No 105

No 106

No 107

No 108

Solutions

No 109

No 110

No 111

No 112

Solutions

No 113

No 114

No 115

No 116

Solutions

No 117

No 118

No 119

No 120

Solutions

No 121

No 122

No 123

No 124

Solutions

No 125

No 126

No 127

No 128

Solutions

No 129

No 130

No 131

No 132

Solutions

No 133

No 134

No 135

No 136

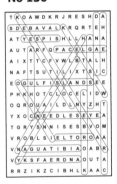

Solutions

No 137

No 138

No 139

No 140

Solutions

No 141

No 142

No 143

No 144

Solutions

No 145

No 146

No 147

No 148

Solutions

No 149

No 150

No 151

No 152

Solutions

No 153

No 154

No 155

No 156

Solutions

No 157

No 158

No 159

No 160

Solutions

No 161

No 162

No 163

No 164

Solutions

No 165

No 166

No 167

No 168

Solutions

No 169

No 170

No 171

No 172

Solutions

No 173

No 174

No 175

No 176

Solutions

No 177

No 178

No 179

No 180

Solutions

No 181

No 182

No 183

No 184

Solutions

No 185

No 186

No 187

No 188

Solutions

No 189

No 190

No 191

No 192

Solutions

No 193

No 194

No 195

No 196

Solutions

No 197

No 198

No 199

No 200

Solutions

No 201

No 202

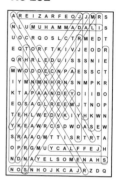

No 203

No 204

Solutions

No 205

No 206

No 207

No 208

Solutions

No 209

No 210

No 211

No 212

Solutions

No 213

No 214

No 215

No 216

Solutions

No 217

No 218

No 219

No 220

Solutions

No 221

No 222

No 223

No 224

Solutions

No 225

No 226

No 227

No 228

Solutions

No 229

No 230

No 231

No 232

Solutions

No 233

No 234

No 235

No 236

Solutions

No 237

No 238

No 239

No 240

Solutions

No 241

No 242

No 243

No 244

Solutions

No 245

No 246

No 247

No 248

Solutions

No 249

No 250

No 251

No 252

Solutions

No 253

No 254

No 255

No 256

Solutions

No 257

No 258

No 259

No 260

Solutions

No 261

No 262

No 263

No 264

Solutions

No 265

No 266

No 267

No 268

Solutions

No 269

No 270

No 271

No 272

Solutions

No 273

No 274

Solutions

No 275

No 276

Solutions

No 277

No 278

Solutions

No 279

No 280

Solutions

No 281

No 282

Solutions

No 283

No 284

Solutions

No 285

No 286

Solutions

No 287

No 288

Solutions

No 289

No 290

Solutions

No 291

No 292

Solutions

No 293

No 294

Solutions

No 295

No 296

Solutions

No 297

No 298

Solutions

No 299

No 300